腸がよろこぶ料理

たなかれいこ

リトルモア

JN217047

はじめに

「腸がたいせつ」

毎日食べる食事――私は食べものを健康に良いとか、何に効くとか、栄養があるなどという理由で選んだことは一度もありません。毎食「これが食べたい」「こう料理して食べたい」という食欲にしたがって食べてきました。こんな私ですが、子どもの頃は食が細く、小児リュウマチなどを患っていたため病弱で、病院との縁が切れることがありませんでした。それが高校2年生のとき、薬をいくら飲んでも、注射をしても良くならないなら、薬を止めてみようと思い、病院の薬をきっぱりやめてみました。少しずつ元気になり、食欲も出てくるようになりました。30代からはさらに食欲が増し、1日中食べもののことを考えていたいくらい、食べものに夢中になり、食を仕事にしてしまったくらいです。この頃からおいしいからという理由で無農薬野菜や伝統的製法の調味料を使うようになり、あれこれ工夫しなくても日々の料理をおいしくつくることができるようになりました。

仕事はアパレルメーカーや建築家の展示会などのパーティー料理を提供するケータリングサービスをしていましたが、工夫いらずのシンプルな料理はおいしいと大好評でした。仕事でも我が家の食事でも基本は同じ。伝統的製法の調味料を使い、季節の食材を手間暇かけずに調理すること。それだけです。不思議なもので私が「今、食べたい！」と思うものは、季節に合ったものです。考えてみれば、その季節に旬のものが一番いきいきしておいしいのは道理にかなったことです。

体調は年々良くなり今が一番健康というのを毎年更新しています。昨今はスキップをしたいくらいからだが軽く、心も穏やかな日々です。私だけではなく、現在主宰している教室の生徒さんたちも年々元気になっていくのは、どうしてかしらと考えてみると、健康の大元は腸なのではと思い、腸のことを調べてみたのです。それで腸は、私たちのからだの健康ばかりではなく心の健康、ひいては人生を決定するくらいの大仕事をしていることが分かってきました。現代医学では長い間腸のことはあまり顧みられていませんでしたが、ここ10年程は研究が進み、科学的にも腸の重要性が分かってきたようです。腸は消化吸収の働きばかりだけではなく、私たちの生命活動の根幹に関わっていたのです。腸の働きは腸内に住んでいる細菌の善玉菌、悪玉菌、日和見菌のバランス、腸内フローラが整い、腸内細菌の働きがあってこそ。腸をよろこばせるためには良いものを食べるより、腸内細菌がニガテなものを遠ざけるのが近道です。

腸についてのお話「腸を落ちつかせるための基本」では、食欲がなくなるようなことも思い切ってのせてみました。栄養について考えたことはないと言っておいてなんですが、地味だけれど、なじみのある食べものをもっと知ってほしいと思い、栄養や機能などについてもまとめています。私の30数年の経験に基づいた腸がよろこぶ食べものについて、少々難しい、かたいことも書きました。ふ～ん、て感じで目を通していただき、おなかがすいたら食欲で食べものに向き合ってください。食べものに真摯に向き合うことと手間暇かけることは別なこと。私のレシピはとっても簡単です。

まずはできることから、あなたの一生の相棒、腸をよろこばせる食べものをおいしく食べてみてください。少しずつでも知り、選択をして食べていくと腸内バランスが整い、なんだか調子が良いなということが増えるはず。本書がそのガイドになりましたら、こんなうれしいことはありません。

腸を落ちつかせるための基本（腸がニガテなもの）

1 低温（冷え）

温泉にゆっくり浸かって、からだの芯まであたたまると誰でも笑顔で元気になりますね。日々、何をどう食べるかの選択をすることによって、この笑顔で元気な状態が実現できます。

まずは少しずつおなかを冷やす食べものをやめてみること。すると自然と体調が良くなってきます。内臓のなかでも腸は特に冷えがニガテです。からだに必要なビタミンやホルモンの合成、中性脂肪やコレステロールの代謝を促し、免疫力を発揮できるのは、すべて腸内の善玉菌の活躍によるもの。善玉菌が好きな温度は37℃程。おなかをさわってホコホコあたたかな状態です。反対に悪玉菌が好きな温度は35℃程。悪玉菌が優勢になると有毒ガスのアンモニアなどが腸内で発生し、血液に乗って全身に運ばれ、健康を害するのです。また発がん性物質のニトロソアミンも発生します。

ごはん会のときの〝とりあえずビール！〟の温度は、4～8℃。冷蔵庫から出した食べものは、私たちの体温よりずっと低温です。これではいっぺんにおなか――腸が冷えてしまいます。腸が冷えると悪玉菌はよろこんで勢力を伸ばし、からだは体温を上げようとエネルギーを使うため疲れやすくなるのです。日々元気でいるためには、常におなかを冷やさないようにすることが大切。たとえば、サラダを食べるときは冷蔵庫から早めに野菜を出して常温に戻し、ゆっくり噛んで食べる。ジュースも常温で。

そうすると味が分かり、よりおいしく感じます。冷えてしまったときはお湯を飲んだり、土鍋を使って料理をして食べると、おなかのなかからポカポカしてきますよ。

2 食品添加物／農薬

私が無農薬野菜や添加物を使わない食べものを選び、食べてきたのは、単純においしいからという理由でした。この日々の選択の積み重ねのおかげで、虚弱だった私は、今の元気で幸せな60代を過ごしているように思います。

つい最近まで人類は化学物質と出合わずに食べ暮らし、生命をつないできました。日本は戦後70年の間で急速に、食べものに化学物質を使うようになりました。ここ20〜10年はさらに加速してきているように感じます。食べものに使われる添加物は、食品のラベルで見受けられるだけでも、酸化防止剤、発色剤、保存料、乳化安定剤、甘味料、増粘剤、着色料、結着剤、調味料、強化剤、品質保持剤など、多数あります。ひとつの食品に複数使われることや、目的別の添加物が20〜30以上重ねて使われていることも珍しくないようです。現在、日本で認められている食品添加物は、どう分類するかで異なりますが、おおよそ千の単位にのぼります。腸内細菌には食品添加物も農薬も歓迎されないものです。

善玉菌を優勢にし、元気にそして幸せ感を持って暮らすためには、できるところから食品添加物や農薬を減らす選択をすることが大切です。それにはまず市販のお惣菜や加工食品を減らし、自分で食事をつくること。ご飯を炊いて、味噌汁と漬物で。これだけでとりあえず腸は十分よろこんでくれます。

3
砂糖

スイーツは見ているだけでそそられ、幸せな気分へと誘います。
私もデザートはいただきます。たとえば、りんごの季節には土鍋で水も何も加えず、ひたすら煮りんごをつくります。りんごの旨味が凝縮した自然の甘みは、びっくりするほどおいしい。これをごはん会のデザートとしてお出しすると大人気。さつま芋とキウイフルーツをソテーしたデザートや、きな粉とメイプルシロップをたっぷり添えた葛練りもおいしいと評判です。

これらのデザートをつくるときも、料理にも私は砂糖を使いません。私たちのからだに糖分は必要ですが、砂糖は必要ではありません。からだに適した糖分は、炭水化物などの形で口に入り、唾液をはじめとする消化酵素でゆっくり糖化していくもの。ゆっくりですから膵臓でつくられるインスリンもゆっくりの対応で、私たちの生理に合った速度で糖分をエネルギーに変えていきます。ところが砂糖の場合、血中に急激に糖分が放出され、必要以上に血糖値が上がります。異常事態発生、と膵臓があわててインスリンを大量放出するため、血中糖度が一気に下がってしまいます。そのほか、砂糖を摂ることは多くのマイナスを私たちのからだや心に起こします。腸との関係だけを見ても、砂糖を摂ることで腸内の悪玉菌でイースト菌の仲間でもあるカンジダ菌が増えます。すると、慢性疲労、不眠症、自律神経失調症、アトピーなどの症状を引き起こします。パンをつくるときイーストで生地を膨らませるために砂糖を使うことがありますね。カンジダ菌は砂糖が大好き。砂糖を食べて活発になり、増えていきます。また砂糖ではありませんが、料理などにも使われている人工甘味料も、脳に作用して習慣性ができてしまい、イケナイと分かっていても、甘いものの誘惑に勝てないようですよ。

経験しないことにはなかなか信じられないかもしれませんが、砂糖がなくてもおいしくデザートがつくれますし、砂糖を使わないほうがおいしい料理ができ上がります。塩や醤油を上手に使うと素材の甘みを引き出すことも。出汁も素材の旨味を引き出すバックアップをしてくれます。まずは砂糖の代わりに、ミネラルなどの栄養が豊富で、からだに負担をかけにくい本物のはちみつやメイプルシロップ、ココナッツシュガーなどにしてみるといいでしょう。いつのまにか砂糖とサヨナラができ、腸の調子ばかりか、からだ全体の調子が良くなるのを感じることができます。少しずつでも甘い料理から脱し、本物のおいしさを求めてみてください。それは必ず健康と幸せに結びつきますから。

4 抗生物質

ずいぶん前のことですが、北海道、知床の山に住む野生の鹿の肉をいただいたことがあります。脂がなく、美しい肉は炭火で軽く焼いて塩で食べるといくらでも食べられ、食後に胃がもたれることもなく、まさに命のエネルギーをいただいたようでした。

抗生物質というと病気のときに飲む薬で、食べものには関係ないと思われるかもしれませんが、今日の畜産現場では牛、豚、鶏といった動物たちを飼育する際にも使用されているのが現実です。動物たちに与えられた抗生物質は、肉や乳製品、卵になった後も消えるわけではなく、食べた私たちのからだに入ってきます。現在、飼料は多くをアメリカからの輸入に頼っています。そのほとんどは、遺伝子組み換えが問題となっている大豆、トウモロコシなどの穀物、加えてビタミン類、ホルモン剤、成長促進剤などが含まれた配合飼料。経済動物といわれるこれらの動物たちの多くは、ほぼ身動きができない状態で一生を過ごし、こうした輸入配合飼料を与えられます。病気になるとさらに抗生物質などの薬を与えられます。

　抗生物質は悪い菌も善い菌も等しく抑えてしまうので、腸内はガタガタになります。私たちのからだに必要なビタミン、酵素などをつくってくれる腸内細菌がいなくなることは一大事。病気でどうしても必要なとき以外は避けたいものです。野菜を育てるときに有機肥料として鶏糞、牛糞などを使うと、野菜を通して食べた私たちのからだに、やはり抗生物質などの薬品が入ってくることも。

　健康的に飼育された肉や卵はそんなことはありませんので、体調が悪いときは動物性を避けたり、健康的に飼育されたものを。野菜は動物性の肥料を使っていないものか、無肥料のものなどを選ぶよう、少しずつ心がけてみてください。

5 小麦

オーブンでケーキが焼けるときの幸せな匂い、パン屋さんから漂ってくる匂いをイヤと思う人はいないはず。小麦はなんて魅力的な食べものなのでしょう。

　改良を施さないもともとの小麦の品種は２、３種。古代から続く小麦栽培は、１９６０年以降に急激な変化を遂げ、今では数えきれないくらい品種があるようです。でも人工的に遺伝子レベルで操作された小麦がほとんど。代々つくり続けられた小麦と、品種改良をした小麦には大きな違いがあるようです。

小麦を使った食べものといえば、パン、ケーキ、パスタ、うどん、そしてビールやウイスキー、醤油にも。私たちが口にする食べものに小麦なしは難しいほど、です。現代の小麦はアレルギー、糖尿病、高血圧をはじめ、多くの病気に関係しているともいわれています。たとえば、下痢をすることが多い人は、小麦で腸の粘膜が炎症しているからかもしれません。また驚くことに小麦は、砂糖以上に急に血糖値を上げます。小麦を食べると高血糖と低血糖の急激な変化でからだが疲れます。

あなたが元気になりたい、今の不調を改善したい、頭をクリアにしたいと思っているなら、試しに1週間小麦を食べないようにしてみてください。そしておやつにはナッツやドライフルーツを。できるだけ主食はご飯にしてみてください。現代の小麦は脳に習慣性ができるようですから、厳しいかもしれませんが、これが一番の近道です。少々お高いですが、前述したようなことがない、古代小麦や国内産小麦の在来種に代えてみるのもひとつの手ですよ。

腸がよろこぶ料理　もくじ

はじめてみましょう

腸がよろこぶ食べものはそんなに珍しいものでも、凝ったものでもありません。炊いたご飯、お餅、アツアツをマッシュしたじゃがいも、皮をむいて出汁と煮ただけの里芋などの芋類。季節の野菜はゆで上げたり、オイルで炒めるだけ。それに腸と相性が良い味噌、醤油、良質なオイルを常備しておくといいですよ。料理の初心者や疲れてつくれないときはナッツに味噌をつけるだけでもいいのです。お餅やパンくらいは焼けるでしょうから、お好みのオイルと味噌や醤油をつけて食べ、ご自分の腸をよろこばせてあげてください。加工され、添加物を含んだ食べものでは、残念ながら腸はよろこびません。そればかりか腸内善玉菌を減らしてしまいますので、ますます疲れ、それが重なるとさまざまな病気を引き起こします。腸がよろこぶものを食べることは、今までの生活スタイルと少し違うかもしれませんが、慣れると気持ちが良くなり体調が整います。ここでは簡単に日々の暮らしに取り入れられる腸がよろこぶ食べものを提案します。これらは日々の生活のなかで私がしていることです。まずはいくつか試してみてください。腸が整う感じが分かってくるはずです。

お餅＋味噌＋オリーブオイル

お餅は秋から冬に食べると、おなかからあたたかくなるので、おやつや朝食、夜食にと、寒い間はよく我が家の食卓に登場します。

私は消化が良く、おいしい発芽玄米餅を冷凍保存しています。食べるときは、そのままフライパンでふたをして焼くか、オーブントースターを使います。ぷわぁと膨らんだところでオリーブオイルをたっぷりからませ、豆味噌や玄米味噌をつけ、海苔で巻いて食べています。お好みでオリーブオイルと醤油をかけてもおいしいですよ。オリーブオイルを合わせることで味噌や醤油の塩気がやわらぎ、オイルの甘みと微かな苦味が一層味わい深くしてくれます。

味噌は腸がよろこぶ善玉菌を増やす元となる植物性乳酸菌やオリゴ糖を含むもの。オリーブオイルもまた腸にうれしい食べものです。成分のオレイン酸が大腸を刺激して動きを活発にし、便通を良くしてくれます。オリーブオイルは食べものをよりおいしくし、私たちの健康にもプラスのことがたくさん。選ぶときはオーガニックのエキストラバージンを。光が当たると劣化するので、お店で照明が当たっているものは避けるといいでしょう。家での保存も暗所に置くようにしてください。これがオリーブオイルをひと瓶おいしく使い切るための大切なポイントです。

作り方
トースターなどで餅を焼き、オリーブオイルをたっぷりからめる。
味噌をお好みの量ぬり、海苔に挟んで食べる。

煮小豆＋フラックスシードオイル＋醤油

小豆はまとめて煮て、冷ましてから清潔な容器に入れ冷蔵または冷凍します。小豆は甘くするより断然、塩気で食べるほうがおすすめ。フラックスシードオイルと醤油は相性が良く、小豆の旨味を引き立てます。小豆を食べるとおなかから力が湧いてくるのは、小さな粒のなかに栄養がたっぷり含まれているから。ビタミンB1は糖質の代謝を促し、エネルギーに転換するほか、強い解毒作用の働きも。ポリフェノールも豊富で、血行を良くし、代謝をアップ。むくみを解消し、美白効果までも！　そしてなんといってもおなかからほんわりからだをあたためるので、冷え性の改善に。食物繊維は水分を抱え込み、便の量を増やしてくれます。まさにおいしく食べて健康、の強い味方。もともと小豆が日本に伝来した頃は薬として扱われていたというのも納得。煮小豆を常備薬としておくと心強いのです。煮小豆と相性の良いフラックスシードオイルは、アレルギーや炎症を抑え、オメガ3系の脂肪酸を含むもの。保存は要冷蔵。使用するときは非加熱で。血液をサラサラにし、中性脂肪を減らして免疫力を上げるといわれるこのオイルも、便通の改善やあたため効果があります。

作り方
器に煮小豆を適量入れ、目安としてフラックスシードオイル大さじ1をたらし、醤油を加え、スプーンでかき混ぜながら食べる。すべてお好みの量で。小豆に塩をふるだけでもおいしい。
＊フラックスシードオイル＝亜麻仁の実の油、オメガ3とオメガ6が含まれた、少し苦味のあるナッツのような味わいの油。加熱すると酸化してしまうので、そのまま使用すること。要冷蔵。

豆の煮方……P84「おいしくて、より簡単な豆の煮方」参照。

ご飯、味噌汁、漬物

　世界で注目を浴びている和食。伝統的に食べられてきた基本食材は、米・野菜・キノコ・山菜・豆類・海藻など。それにこれらの乾物、塩蔵、発酵させた加工品、小魚が挙げられます。ご飯・味噌汁・漬物は、この伝統的和食をすべて網羅したもの。なんといっても基本はお米。お米があってこその和食です。五分づき米や玄米は、食物繊維が豊富。ご飯のでんぷん質はゆっくり糖に変わり、からだに負担をかけずに働いてくれます。それに寄り添うのは、腸にうれしい食物繊維が豊富な野菜やキノコなどの具材を出汁とともに煮て、味噌を加えた味噌汁。大豆を煮て発酵させた味噌は、腸にとってスーパーフード。吸収されやすい形のたんぱく質を含み、腸内の善玉菌を増やす働きもしてくれます。味噌汁一杯でおなかも心もあたたまり、からだに必要な栄養も摂ることができます。脇をかためる漬物も発酵食品。特に漬物は乳酸菌が多く、腸にとってはうれしい食べものです。ですから忙しいとき、疲れて料理をする体力がないときでも、ご飯、味噌汁、漬物の3品さえあれば、立派な食卓になります。とりあえずこれらを食べると不思議に元気が湧いてきますよ。

味噌汁の作り方
鍋に白菜やえのき（出汁が出る具材がいい）などを食べやすい大きさに切って入れ、かぶるくらいの水を加え、ふたをして火にかける。野菜がすっかり煮えたら（野菜がクタクタになるくらいまで）、いったん沸騰させ、さらしの袋（P33）に入れたかつお節パウダー*を加える。味噌を入れ、そのまましばらく置き、出汁の袋をとり出し、味噌がゆるんだところで溶く。五分づき米のご飯にたくあんを添えて。
＊かつお節パウダーとは、冷凍保存した花かつおを手でクシュクシュともみ、パウダー状にしたもの。

青菜のゆで上げ

　秋から冬のほうれん草、小松菜、真菜、春菊、京菜、かぶの葉っぱ、ルッコラ、春の紅菜苔、菜の花など、なんでも青菜はたっぷりの熱湯でゆで上げます。熱いうちに切ってボウルに入れ、オリーブオイルをからめておきます。こうしておくと冷めてもおいしく、冷蔵保存も可能。青菜の色も味わいもキープできます。水などにさらさないと余熱が入ってしまうように思いますが、オリーブオイルでコーティングすれば大丈夫。まったく心配いりません。
　畑から届く青菜は数種類重なることもありますが、新鮮なうちにゆで上げてオイルをしておけば、そのあと手間なしで食べ続けることができます。2～3種を混ぜて食べるのもお口のなかで味わいが重なりおいしいですよ。オイルなしで仕上げたいときはゆで上げた葉を平たいざるに広げ、冷ましてから切ってください。残りは切り口を立て、下にペーパーなどを敷き保存容器に入れ、冷蔵すると思った以上にもちますよ。

ゆで方
鍋に湯をグラグラ沸かして塩をひとつまみ加え、ほうれん草または小松菜などの青菜を根元から半分くらいまで入れる。少ししたら葉のほうも入れ、湯のなかで一回転させて根元から引き上げる。そうすると湯切りがいい。そのままざるに上げ、4～5cm長さに切る。ボウルに入れ、熱いうちにオリーブオイルで和え、手元で醤油をかけて食べる。かつお節パウダー（P18）をふったり、ゆず果汁をかけてもおいしい。すぐ食べない場合はオリーブオイルで和えてから冷まし、冷蔵庫で保存する。3～4日ほど保存可能。

お包み

私は東京から長野県蓼科へ通い、楽しみのための畑作業をしています。趣味？　なので農業と言うにはおこがましく「ファーミング」と言っています。愛犬のみかんと連れ合いと車で行きます。運転は連れ合いが専門にしてくれます。2時間ばかりのドライブですが、連れ合いから「必ずおむすびを持って行ってね」とリクエストがあります。運転で集中するとおなかがすくらしいのです。行きはおむすびをつくるのですが、蓼科からの帰りは、「お包み」をつくります。お包みは、山小屋に水道がなく、おむすびをして手についたご飯粒や後片付けが面倒で思いついたもの。

手に米粒がつかないようにクッキングシートを使い、海苔とシートでご飯を包みながらつくります。結ばないのですが、これはこれでとても食べやすくおいしいので、蓼科からの帰りはお包みが恒例になりました。連れ合いも帰りは「お包みを作って」と言うようになりました。余りご飯があったらお鍋を片付けるときにちょっとお包みをつくっておくと、子どものおやつに、おなかがすいたときに助かります。

作り方

海苔を半分または4等分に切り、表面に軽く塩をふる。ご飯を適量広げてのせ、上から塩を適量ふって練り梅をのせて海苔を半分に折りたたむ。クッキングシートで包み、上から押して形を整える。米にもちきびを加えて炊くとご飯がまとまりやすい。

パンを食べるなら、
フラックスシードオイル＋醤油
またはオリーブオイル＋味噌

腸は小麦が不得意。バターも同じく。マーガリンはトランス脂肪酸ですので、避けたいですね。オリーブオイルやフラックスシードオイルはパンと相性が良く、醤油や味噌を合わせると深くおいしく、おなかもあたたまります。しかも腸内の善玉菌も増やしてくれます。天然酵母のパンを選ぶと酵母が小麦のグルテンを消化（発酵）してくれます。パンを我慢しなくても、食べ方を少し変えてみるだけで腸への負荷がグッと減ります。

食パンのトッピングの作り方（写真上・左）
紫玉ねぎ1/4個は極薄切り、マッシュルーム1個は薄切り、アボカド1/4個は5㎜厚さに切る。レタスは食べやすくちぎる。トーストした食パンにフラックスシードオイルをまわしかけ、醤油を適量たらして紫玉ねぎをのせる。塩を適量ふり、レタスをのせる。マッシュルームとアボカドをのせ、オリーブオイルをかけて塩を適量ふる。

発芽玄米パンのトッピングの作り方（写真上・右）
ごぼう1/2本は細切りにする。鍋にごぼうと水をひたひたに入れてふたをし、蒸し煮にする。ごぼうに火が通ったら湯を切り、オリーブオイル大さじ1/2をまわしかけ、塩小さじ1/4、アップルビネガー大さじ1、あれば麻の実ナッツ大さじ1を加えてざっと和える。紫玉ねぎ1/4個は極薄切り、青菜2株は熱湯でゆで、熱いうちに切ってオリーブオイル大さじ1/2をまわしかけ、醤油少々をたらす。トーストした発芽玄米パンにオリーブオイルをたっぷりまわしかけ、味噌を適量ぬる。紫玉ねぎ、ごぼう、青菜をのせる。

ナッツ＋味噌

外出先でおなかがすいたとき、腸がよろこぶ食べものがいつでも手に入るわけではありません。私は空腹を我慢できるタイプではないので、カシュー、クルミ、ピーカン、アーモンドをミックスにして片手サイズの容器に入れて持ち歩いています。これに豆味噌をつけて食べるのです。豆味噌は小袋に入れて持っていきます。これで、おなかがすいてもいつでも食べられると思うと安心です。ナッツだけでもおいしいのですが、味噌をちょっとつけて食べると味噌のやわらかい塩気がナッツの味わいを上げてくれ、食べた後の満足度が大きいのです。空腹時は、とりあえず何粒か食べるとおなかが落ちつきますし、夏の畑仕事の合間に食べると元気が回復します。

ナッツ類は私たちのからだに必要な不飽和脂肪酸を含んでいます。ビタミンやミネラルも豊富ですが、何よりすごいのは食物繊維が豊富なことです。ナッツのなかで一番多いのはアーモンド。なんと、さつま芋の5倍、ごぼうの2倍といわれています。食物繊維が不足しがちな現代人にはおいしく手軽に摂れる食物繊維です。ナッツだけでもいいのですが、＋味噌はからだに必要な塩分と酵素も補ってくれますから、ナッツと味噌はおいしくて腸に心強いコンビといえるのではないでしょうか。

1章

腸をいたわる食材

あなたとあなたの家族の未来は〝今日、何を食べるか〟によります。でも、一番大切なのは〝おいしく食べること〟。これからのページで私がご紹介する料理は、おいしくて簡単なものばかりです。

お米、野菜、芋類などの穀菜食は、私たちが健康に生きていくうえで必要な炭水化物、たんぱく質、ビタミン、ミネラルといった栄養素のほとんどを備えています。なかでも腸を元気にするのは、お米、野菜、芋類の食物繊維です。食物繊維は、大腸に送られ、そこではじめて腸内細菌によって分解され、短鎖脂肪酸が生成されます。短鎖脂肪酸とは、私たちの心とからだにさまざまな健康効果を与えてくれるもの。かつて、食物繊維は栄養的価値がない不要なものとされていましたが、このような腸内細菌の働きにより、食物繊維は私たち人間の生命活動になくてはならない存在だったのです。また、ノルアドレナリン、ドーパミンとならぶ三大神経伝達物質のひとつ、幸せホルモンとも呼ばれるセロトニンは、「体温の調節」「睡眠の周期」「知覚」「消化吸収」「腸のぜん動運動」などの生理作用と関わりがあり、心身を安定させる役目もしています。このセロトニンも、大半が腸内で、残り少しが脳内でつくられるといわれています。腸内フローラを整える穀菜食を日々おいしく食べることで、腸内の健康が保たれ、セロトニンも正常につくられます。おなかがすいたら、まずおにぎりや、焼き芋をぱくっと食べてみてください。私たちの口においしいだけでなく、腸内の善良な細菌たちもよろこぶことでしょう。

男性や子どもは肉料理が大好き。最近では女性でも肉好きな方が多いようですね。肉がこんなふうに日々の食卓にあがるようになったのは、ほんの最近のこと。統計を見ると昭和30年に豚肉は年間１人当たり７００ｇくらい、それが平成26年では11kgです。昔の日本人は穀菜食中心で、現代の私たちよりはるかに健やかな心とからだを持っていました。現代の私たちも、肉を食べて栄養補給ということではなく、腸内細菌がよろこび、元気に活躍してくれる穀菜食などを中心とした食べものをおいしく食べるのが何より大切なのです。ベジタリアンのオススメをするつもりはありませんが、お米を中心とした炭水化物、野菜、海藻、醸造された味噌や醤油などの調味料といった、日本人が古来から食べてきた食べものを見直してみましょう。

お米、味噌、醤油、オイルを常備して季節の野菜を求めることからはじめてみましょう。まずはどれかひとつトライしてみて、腸の感じをきいてみてください。こたえは気持ちが落ちついてきたことや、便の量が増えてきたことで分かってきます。幸せも健康も腸内に住んでいる細菌たちが握っています。くれぐれもあなたの腸を、細菌たちをいたわってあげてください。

腸をいたわる食材①

米

お米を食べると太ると思い込んでいた若い頃、ご飯はお茶碗に軽く1膳までと決めていました。60代の今はお茶碗にこんもり、お山のように盛りつけます。それでも足りないときは躊躇せず、お代わりします。パスタを食べるときでもご飯を炊いておき、最後の皿にご飯を加え、ソースをぬぐって食べます。こんなにご飯を毎日食べているのに太るということはなく、体脂肪率は14~15%です。

お米には主にでんぷん質と少量のたんぱく質、ビタミンB群が含まれています。うるち米に含まれるでんぷん質は小麦や砂糖と比べ、ゆっくりゆっくり消化されるため、血糖値が急上昇せず、長い時間維持されるので脂肪が蓄積されにくいのです。しかもその間エネルギーは、からだと心のために有効に活動するので、私自身若いときよりたくさんご飯を食べても太らない、というか痩せているのです。

またお米のたんぱく質はアミノ酸のバランスが良く、効率良く体内で働いてくれます。日本列島に暮らしていた人々は、大正時代頃までは1日にお米を3合、食べていたそうです。茶碗に換算すると6~8膳も、です。主にお米を食べ、味噌汁、漬物などの副菜は少しだったようですが、とても元気で女性でも米俵を5個もかつげたそうです。米俵ひとつは約60kgですよ！

赤ちゃんはおなかのなかにいる間は無菌状態で、産まれてくるときお母さんからいろいろな菌を受け継ぎます。長い間お米を食べ続けてきた子孫の私たちの腸内には、お米の消化を手伝う菌が住んでいます。ＤＮＡにはちゃんとご先祖が食べてきたものの情報が記録され、受け継がれているのです。

戦後70年の短い間で日本の食べものを取り巻く環境と食べものそのものが急激な変化にさらされています。ご飯、味噌汁、漬物を中心とした伝統的な食べものではなく、洋風といわれるものや家庭で料理したものではないもの、加工品、または半加工品がほとんどではないでしょうか。地球上で、伝統的な食べものから、こんなに急変した民族は、ほかに類を見ないそうです。私たちのからだの消化システムは、そう短期間では変わることができません。けれども食環境は変わってきているのです。その弊害は癌をはじめとし、生活習慣病といわれる患者が溢れていることを見ても明らかです。私のまわりでは忙しくてコンビニ頼りだった人もまず、ご飯を炊いて自分で結ぶおむすびを食べはじめると元気になってきます。ご飯を食べた人から元気になってくるのです。まずはご飯を食べる習慣を。きっとからだがラクになるはずです。

ごぼうの炊き込みごはん

材料（2〜3人分）
ごぼう（太）…1本（約200g）
オリーブオイル…大さじ3
煮干し出汁…2カップ
おろしにんにく…小さじ1
醤油…大さじ5強
五分づき米…2合

作り方
1 ごぼうは洗い、小さめで薄いささがきにする。
2 鍋をあたため、オリーブオイルを入れる。1を加えてかき混ぜ、油がまわったらふたをして蒸し炒めにし、ごぼうがしんなりしてきたら出汁を加え、火が通るまで煮る。
3 2におろしにんにくを加え混ぜ、にんにくに火が通ったら醤油を加え、味をみてよければ、ざるで濾して具と煮汁に分ける。
4 米はといでざるに上げ、水気を切る。炊飯器の内釜に米と3の煮汁360mlを入れて炊く（煮汁が少ない場合は水を足す）。
5 炊き上がったら3のごぼうを加え、少し蒸らしてから全体をさっくり混ぜ合わせる。

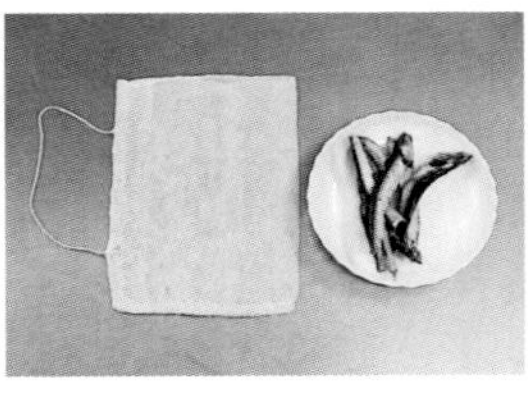

煮干し出汁をとるときは、写真のような小袋に煮干しを入れ、煮出すと便利です。写真の小袋は、さらしなどの清潔な布を袋状に縫ったもの。ぜひ、手作りしてみてください。

サラダごはん・夏

材料（4人分）
五分づきご飯…茶碗4杯分
きゅうり…1本
ミニトマト…200g
玉ねぎのみじん切り…90g
ピーマン…2個
オリーブオイル…大さじ5
A 塩…小さじ1
　アップルビネガー…大さじ2
しその実の醤油漬け…大さじ1

作り方
1 きゅうりは縦半分に切ってからさらに縦3等分にして3㎜幅に切る。ミニトマトは半分に、ピーマンはヘタと種をとり除き、みじん切りにする。
2 ボウルにきゅうり、玉ねぎ、ピーマンを入れ、オリーブオイル大さじ3をまわしかけ、よく混ぜてなじませる。ミニトマトを加え、残りのオリーブオイルを加えて混ぜ、さらになじませる。
3 Aを加え、全体がなじんだらご飯を加えてさっくりと混ぜ合わせ、しその実の醤油漬けを散らす。

サラダごはん・冬

材料（4人分）
玄米ご飯…茶碗4杯分
ごぼう…70g
れんこん…150g
人参…1/2本
長ねぎ…1/2本
オリーブオイル…大さじ2
A
塩…ふたつまみ
醤油…大さじ2
白バルサミコ酢…大さじ1と1/2
金ごま…小さじ2

作り方
1 ごぼう、れんこん、人参は縦4〜6等分にしてから薄いいちょう切りにし、それぞれ別のクッキングシートにのせる。
2 鍋に水を水位1cmほど張り、1のれんこん、ごぼう、人参を順に入れる。ふたをして火にかけ、野菜が透き通るまで8分ほど蒸す（人参のほうが先に火が通るのでとり出しておく）。
3 長ねぎはみじん切りにする。
4 ボウルに2を入れ、熱いうちにオリーブオイルをまわしかけ、Aを加えて和える。全体がなじんだら長ねぎを加えてざっと合わせる。
5 ご飯を加えてさっくりと混ぜ合わせ、炒ったごまを散らす。

おいなりさん

材料（米5合20個分）
油揚げ…10枚
かつお出汁…700ml
醤油…120ml
五分づきご飯（炊き立て）…5合分

A	白バルサミコ酢…300ml 塩…小さじ1/2

作り方

1 油揚げは表面にめん棒をコロコロ転がし、半分に切って口をあける。
2 鍋にかつお出汁を入れ、沸いたら醤油を加える。1を入れ、弱火で30分ほど煮てしっかりと味を含める。鍋中に入れたまま、2〜3時間おいて落ち着かせる。
3 小鍋にAを入れ、火にかける。煮立ったらさらに30秒ほど煮て（5分ほど煮つめるとさらにおいしい）火を止め、粗熱がとれるまでそのままおく。
4 ボウルに炊き立てのご飯を入れ、3を加えて混ぜ、酢飯を作る。
5 2に4を詰める。

＊五分づき米の場合は、水の量はいつも通りで。白米の場合は、いつもの水の量より1〜2割ほど減らして炊いてください。

もちきび団子——きびまる

材料（直径4.5cmのもの16個分）
もちきび…2カップ

［カシューナッツあん］
生カシューナッツ
（クランチ）…20g
生カシューナッツ
（パウダー）…25g
長ねぎのみじん切り
…大さじ2と1/2
わさび
（練りわさびまたは生おろしわさび）
…5g
醤油…大さじ1と1/2

［小豆あん］
煮小豆…130g
フラックスシードオイル…大さじ1
醤油…大さじ2と1/2

カシューナッツはスティックミキサーなどを使うと、簡単にクランチ状やパウダー状になります。

作り方
1 もちきびは洗って、目の細かいざるにとる。鍋にもちきびと水400mlを入れ、ふたをして中火にかける。沸騰したら弱火で12分ほど炊く。
2 カシューナッツあんと小豆あんの材料をそれぞれ混ぜ合わせる。
3 手に水をつけ、1のもちきびがあたたかいうちに適量を手にとり、丸める。親指で軽く穴をあけ（写真a）、そこに2のあんをデミタススプーン1杯分くらいずつ入れ、それぞれ包む。包むときは力を入れず、優しくふんわりと。もちきびのまわりの壁を少しずつ中央に寄せてあんを包んでいくとうまくいく（写真b）。

a

b

ご飯のとも

くるみ味噌

材料（作りやすい分量）

くるみ…50g

オリーブオイル
…大さじ1と1/2

A
豆味噌…50g
玄米味噌…40g
醤油…小さじ1

作り方

1 小鍋にオリーブオイルを入れ、くるみを炒める。カリカリになったらいったんとり出す。

2 1の小鍋に混ぜ合わせたAを加え、へらなどで混ぜながらよく炒める（写真a）。味噌に透明なツヤが出てきたら、くるみを戻し入れて混ぜ合わせる。

a

ちりめんおかか

材料（作りやすい分量）

ちりめんじゃこ…20g

オリーブオイル
…大さじ1 と1/2

かつお節パウダー（P18）…10g

醤油…大さじ2

作り方

1 鍋にオリーブオイルを入れ、ちりめんじゃこを炒める。カリカリになったらかつお節パウダーを加え、油がなじむまで炒める。

2 1に醤油をまわしかけ、醤油がからみ、水分がなくなるまで炒める。

ごまたくあん

材料（作りやすい分量）

たくあん…100g

醤油…大さじ1

黒いりごま
…大さじ1 と1/2

作り方

1 たくあんは薄い小口切りにしてからせん切りにする。

2 1に醤油をまわしかけ、ごまをふる。

腸をいたわる食材②

芋

秋、一番に収穫されるのがさつま芋。関東の自然に沿った畑では、10月の末になり、ようやく里芋がお目見えします。お芋の季節になると料理が一段と楽になります。私はさつま芋も里芋も八頭も段ボールに入れ、一緒に保存します。種類別でもOKです。長芋だけは常温でも良いのですが、布や新聞紙で幾重にも包んで冷蔵庫へ。こうして保存しておくと芋類はかなり長期の保存が可能なため、いつでも料理に使うことができます。さつま芋はおなかがすいたらおやつにも。お芋たちは皆、でんぷん質の優しい甘みがあり、食べると満足度が高く、心から落ちついてきます。これはただ単におなかが満たされただけではなく、私たちのからだに必要な栄養素も持ち合わせているから。でんぷん質は多糖類のため、ゆっくり私たちのエネルギーとして使われます。その他にもビタミンB群、ビタミンC、ミネラル、たんぱく質が含まれています。里芋、長芋、八頭にはネバネバとぬめりがありますが、これは成分のガラクタン、ムチンによるもの。ガラクタンは免疫力を高め、癌や腫瘍の予防に効果が。ガラクタンは炭水化物とたんぱく質が結合したもので、体内で働いた後、人間のからだでは消化できないため、排泄されます。なので、太らない！　多糖類の水溶性食物繊維のムチンは、腸内の善玉菌のエサとなると同時に、腎臓や肝臓、胃腸の働きを活性化してくれます。長芋にはでんぷん分解酵素のアミラーゼなどが含まれていますので、消化の助けをしてくれます。ほかにも脂肪の吸収を抑制する働きやナチュラルキラー細胞を活性化する働きなども。さつま芋にはビタミンAに変わるカロチンも含まれています。

お芋たちは、おなかからあたためてくれます。なかでもさつま芋が一番。陶ばんでじっくり焼いたさつま芋を食べると、おなかにカイロを入れたようにあたたまります。関東では6月末から収穫されるじゃがいもは、ナス科に属するため、食べる時期を選びます。私は7月から11月の間に食べ、冬の間は食べません。その時期に食べると、とっても冷えを感じるからです。またじゃがいもは成分のレクチンにアレルギーがある場合があり、腸と相性が合わないこともあります。それを除くとじゃがいももペクチンが多く、水を吸収して膨れ、消化器系の壁を守って腸の働きや便通を良くしてくれます。この後のページを参考になさって、これら季節のお芋をもっとおいしく食べて、腸力をつけてみてください。

芋に共通する料理法

芋類は腸にとってありがたい存在。水に溶ける繊維質と溶けない繊維質を合わせ持ち、ミネラルも豊富。ビタミンだってB群や熱に強いCもたっぷり。ここでは「蒸し煮」「マッシュ」「ソテー」など共通する料理法で、季節により異なる芋をおいしくいただく方法をご紹介します。

[蒸し煮]

鍋に具材と水または出汁などの水分を加え、
ふたをして煮る調理法。
早くおいしく煮え、燃料費の節約にも。

里芋の蒸し煮ピーナッツ和え

材料（作りやすい分量）
里芋…8個
A
ピーナッツペースト（無糖）…大さじ2
醤油…小さじ1
水…大さじ1と1/2

作り方
1 里芋は皮をむき、斜め半分に切る。
2 鍋に1と里芋が1/3ほど浸るくらいの水を入れ、ふたをして中火にかける。沸いてきたら弱火にし、竹串がすっと通るくらいまで蒸し煮にする。
3 ふたをとり、かき混ぜながら水分を飛ばす（写真a）。Aをよく混ぜ合わせて加え、里芋にからめる。
＊Aを混ぜ合わせる際は、ピーナッツペーストに醤油を少しずつ加え、スプーンで練るように混ぜてから水を加えると混ざりやすいです。

a

［マッシュ］

蒸したり、蒸し煮にした芋をマッシャーやフォークでなめらかになるまでつぶしたもの。

じゃがいものマッシュ

材料（作りやすい分量）
じゃがいも…2個
オリーブオイル…大さじ1と1/2
塩…少々

作り方
1 じゃがいもを3等分くらいの乱切りにする。
2 鍋に1とじゃがいもが1/3ほど浸るくらいの水を入れ、ふたをして中火にかける。沸いてきたら弱火にし、竹串がすっと通るくらいまで蒸し煮にする。
3 ふたをとり、かき混ぜながら水分を飛ばす。フォークでつぶし（写真b）、オリーブオイルと塩を加えてさらっと合わせる。
＊お好みでオイルの量は調整してください。ぽてっとするくらいが目安です。

b

［ソテー］

鍋に油を入れ、白い湯気がうっすら出たら具材を加え、表面にカリッと焼き目をつけ、中まで火を通したもの。

さつま芋のソテー

材料（2人分）
さつま芋…1本
オリーブオイル…大さじ3

作り方
1 さつま芋は皮ごと2㎝厚さの輪切りにする。
2 鍋にオリーブオイルをうっすらたまるくらいまで入れ、白い湯気がうっすら出るまで熱する。1を並べ入れ（写真c）、ふたをする。
3 さつま芋の表面が透き通ってきたら裏返し、もう片面もカリッとソテーする。
＊手元で塩を加えて食べます。

c

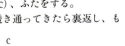

じゃがじゃが

材料（2 ～4人分）
じゃがいも…3～4個（約550g）
玉ねぎ…3個（約660g）
オリーブオイル…大さじ5と1/2
昆布出汁または水…大さじ3
醤油…大さじ6
葛粉…大さじ1

作り方

1 じゃがいもは大きめの乱切りにする。玉ねぎは縦半分にしてから横半分にし、繊維に沿って1.5cm幅ほどに切る。
2 鍋にオリーブオイルと1を入れ、混ぜる。油がまわったらふたをして中火にかけ、鍋があたたまってきたら弱火にする。じゃがいもが煮くずれ、玉ねぎから水分が出てくったりするまで（写真a）じっくり火を通す。
3 昆布出汁と醤油を加え、5～6分煮て味を含ませてから水大さじ4で溶いた葛粉を加えて寄せる。

a

マッシュポテトの
玉ねぎ味噌ソースがけ

材料（2〜4人分）
じゃがいも
…3〜4個（約550g）
玉ねぎ…3個（約660g）
オリーブオイル
…大さじ3と1/2+
大さじ5弱
豆味噌…30g
玄米味噌…60g

a

作り方

1 じゃがいもは乱切りにし、鍋に入れる。じゃがいもが1/3ほど浸るくらいの水を加え、ふたをして蒸し煮にする。竹串がすっと通るくらいにやわらかくなったらふたをとり、火を強めて粉ふきいもを作る要領で鍋中の水分を飛ばす。熱々のうちにフォークでつぶし、オリーブオイル大さじ3と1/2を加えて混ぜる。

2 玉ねぎはみじん切りにする（まずは縦半分にし、繊維に沿って3㎜間隔ほどの切り目を入れる。さらに3㎜ほどの薄切りにするとえぐみのないみじん切りになる）。

3 鍋に2と残りのオリーブオイルを入れ、混ぜ合わせる。油がまわったらふたをし、蒸し炒めにする。玉ねぎが透き通ってきたらいったん火を止め、そのまま5分ほどおいて余熱で火を通す（こうすることで甘く、おいしくなる）。再び火にかけ、煮立ったら豆味噌と玄米味噌をかたまりごと加える。2〜3分ほどしてゆるんできたら（写真a）大きめのスプーンの背を鍋底にあてながら溶く。

4 器に1を盛り、3を添える。

＊じゃがいもの皮は、お好みでむいてください。
＊からだが冷えているときは3に溶き葛粉を加え、2〜3分火を通すと、腸がよりあたたまります。

じゃがいもせん切りソテー

材料（2人分）
じゃがいも（大）…1個
オリーブオイル…大さじ1
塩…適量

作り方

1 じゃがいもは極薄切りにしてからせん切りにする。
2 鍋にオリーブオイルを入れ、白い湯気がうっすら出るまで熱する。
3 包丁を使って1を2に滑らせるように入れ（写真a）、ふたをする。途中、ふたをとり、表面がやや透き通って裏面がきつね色になったら返し、再びふたをしてもう片面も同様に焼く。
4 塩をふりながら食べる。

a

里芋のディップ

材料（作りやすい分量）
里芋…8個（約450g）
オリーブオイル…大さじ4
塩…少々

作り方

1 鍋に水を水位2〜3㎝ほど張り、里芋を丸ごとクッキングシートにのせて入れ、ふたをして火にかける。竹串がすっと通るくらいまで蒸し、熱いうちにつるんと皮をむく。

2 フォークなどでつぶし、オリーブオイルと塩を加えて混ぜる。

＊蒸し方は「里芋の味噌転がし」（P54）と同じです。

＊塩はほんの少し加える程度にし、食卓でお好みの量を加えるようにしてください。

里芋の土鍋煮

材料（2人分）
里芋…4個
昆布…5g
塩…小さじ1
醤油…小さじ1/2

作り方
1 里芋は皮をむき、毛羽《けば》が残っていたらぬれふきんでふきとる。
2 土鍋または厚手の鍋に昆布を敷き、里芋を入れる。かぶるくらいに水（目安500ml）を加え、ふたをして弱火にかける。
3 フツフツしてきたらふたをとり、そのまま極弱火で里芋がやわらかくなるまで15～20分ほど煮る。すっかりやわらかくなったら塩と醤油を加えて仕上げる。

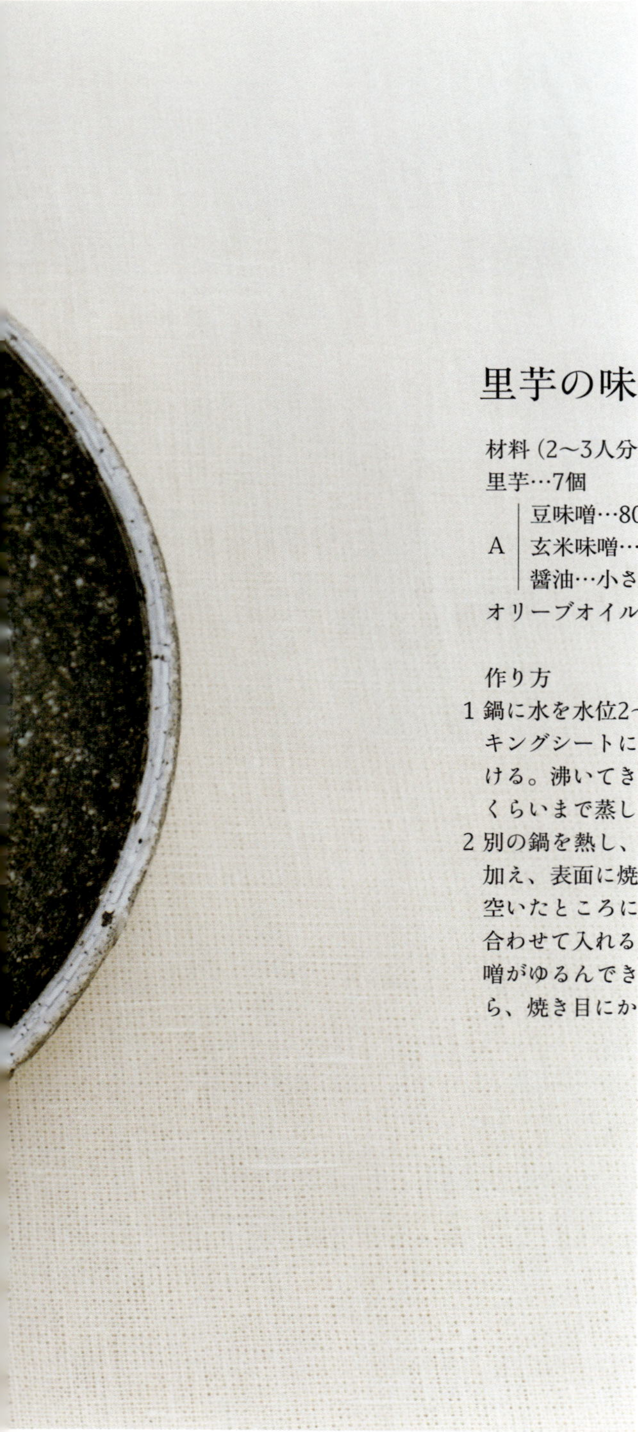

里芋の味噌転がし

材料（2〜3人分）

里芋…7個

A
- 豆味噌…80g
- 玄米味噌…45g
- 醤油…小さじ1と1/2

オリーブオイル…適量

作り方

1 鍋に水を水位2〜3cmほど張り、里芋を丸ごとクッキングシートにのせて入れ、ふたをして中火にかける。沸いてきたら弱火にし、竹串がすっと通るくらいまで蒸し、熱いうちにつるんと皮をむく。

2 別の鍋を熱し、オリーブオイルを適量入れて1を加え、表面に焼き目をつけるように焼く。鍋底の空いたところにオリーブオイル少々を加え、Aを合わせて入れる。すぐにふたをし、ややおく。味噌がゆるんできたら（写真a）里芋を転がしながら、焼き目にからめる。

a

長芋の細切り、チアシード添え

材料（2人分）
長芋…150g
フラックスシードオイル…小さじ1/2
A｜ゆず果汁、水…各小さじ1
　｜醤油…小さじ1/2
チアシード…大さじ1

作り方

1 チアシードは水120mlを加え、6時間からひと晩冷蔵庫におく。
2 長芋は皮をむき、4cm厚さの輪切りにしてから立てて薄切りにする。それを繊維に沿ってせん切りにする。
3 ボウルに1の長芋とフラックスシードオイルを入れ、菜箸で粘りが出て泡が立つくらいまでよく混ぜる。
4 器に3を盛り、合わせたAと1のチアシード大さじ3を加える。

左がチアシード。右がふやかしたもの。ふやかしたチアシードは冷蔵庫で3〜4日保存可。
チアシードとは、ミントの一種で、南米で栽培されている果実の種。オメガ3系脂肪酸、抗酸化物質、食物繊維などを豊富に含み、スーパーフードと呼ばれている。

長芋マッシュの海苔巻き

材料（2〜3人分）
長芋…250g
A｜白バルサミコ酢…1カップ
　｜塩…小さじ1/4
焼き海苔…適量
わさび、醤油…各少々

作り方
1 鍋に水を水位1.5㎝ほど張り、長芋をクッキングシートにのせて入れ、ふたをして火にかける。竹串がすっと通るくらいまで蒸し、熱いうちに皮をむき、フォークなどでなめらかになるまでつぶす。
2 小鍋にAを入れ、煮立ったら2〜3分ほど煮立てて火を止める。
3 1に2を大さじ1加えて混ぜる。
4 3を焼き海苔に巻いてわさびを添え、醤油を少しつけて食べる。
＊残ったAは冷蔵庫で3ヵ月保存可。すし酢や和え物などに使うといいですよ。

八頭のコロッケきのこあんかけ

材料（100gのコロッケ4個分）

八頭…400g
葛粉…適量
しめじ…65g
えのきたけ…100g
人参（小）…1/2本
長ねぎ…1本
煮干し…10g
おろしにんにく…少々

A
- 白バルサミコ酢…小さじ1
- 塩…ふたつまみ
- 醤油…大さじ2

溶き葛粉…適量
オリーブオイル…大さじ2

作り方

1 八頭は皮ごと適当な大きさに切って、すっと竹串が通るくらいまで蒸す（蒸し方はP54の作り方1を参照）。熱いうちに皮をむき、すり鉢でよくすりつぶす。楕円形にまとめ、表面に葛粉をまぶしつける。
2 しめじは細かくさく。えのきは石づきを落とし、半分の長さに切って株元をバラバラにする。人参はせん切り、長ねぎは斜め薄切りにする。
3 鍋に2を入れ、オリーブオイルを加えて和える。ふたをして火にかけ、蒸し炒めにする。しんなりしたら水500mlと煮干しをさらしの袋（P33）に入れて加え、10〜15分煮てとり出す。
4 3におろしにんにくとAを加える。煮立ったら溶き葛粉を加え、寄せる。
5 鍋を熱し、オリーブオイルをうっすらたまるくらい（分量外）入れ、ふたをして1を両面こんがりと焼き目がつくまで焼く。
6 器に5を盛り、4のきのこあんをかける。
＊溶き葛粉は葛粉大さじ1に対し、水大さじ2で溶いたものが目安です。

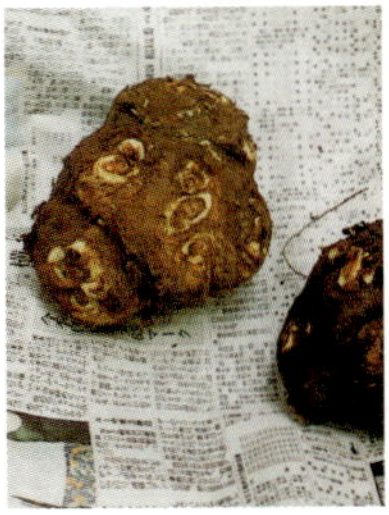

親芋のまわりに子芋が多数でき、それが頭のように見えることから八頭といわれている芋。里芋より、ねっとりして味わい深い。

八頭のポトフ

材料（3〜4人分）
八頭…530g
れんこん…1節（約270g）
人参（小）…1本
カリフラワー…200g
にんにく…2片
鶏手羽元…300g
塩、オリーブオイル…各適量

作り方

1 八頭は1.5cm厚さに切って皮をむいてから4等分にする。れんこんは皮ごと同様に切る。人参は2cm厚さの輪切りにし、大きければ半分に切る。カリフラワーは小房に分ける。
2 鍋に八頭、れんこん、人参、鶏肉、にんにくを入れ、水1ℓを加えて火にかける。煮立ったら弱火にし、30分ほど煮る。
3 カリフラワーを加えてふたをし、火が通るまで煮る。
4 器に盛り、好みの量の塩とオリーブオイルを加えて食べる。

紫さつま芋のサイコロソテー

材料（2〜3人分）
紫さつま芋（中）…1本（約250g）
オリーブオイル…大さじ1と1/2
塩…少々

A	おろしにんにく…少々 白バルサミコ酢…大さじ2 醤油…大さじ1

麻の実ナッツ…大さじ2

作り方

1 さつま芋はよく洗い、水分をふきとる。皮ごと1.5㎝厚さの輪切りにし、さらにサイコロ状に切る。
2 鍋を熱し、オリーブオイルを入れてさつま芋を加え、ふたをしてソテーする。焼き目がついたら返し、別面も同様に焼く。
3 さつま芋に火が通ったら塩をふる。鍋底を空けてAを加え、さつま芋にからめる。汁気がなくなったらでき上がり。
4 仕上げに麻の実ナッツをふる。

＊さつま芋は紅あずまや金時芋でもおいしいです。
＊麻の実ナッツは、良質な植物性たんぱく質や、必須脂肪酸であるオメガ3とオメガ6をバランスよく含むなど、おいしくて、栄養に富んでいます。

紫さつま芋のディップ

材料（2人分）
紫さつま芋、またはさつま芋（小）…1本（約200g）
レモン（くし形切り）…1/6個分
オリーブオイル…大さじ1
塩…ひとつまみ

作り方
1 さつま芋は皮ごと2.5㎝角大くらいに切る。レモンは薄切りにする。
2 鍋に1のさつま芋とさつま芋が1/3ほど浸るくらいの水を張り、ふたをして中火にかける。沸いてきたら弱火にし、竹串がすっと通るくらいまで蒸し煮にする。
3 へらでかき混ぜながら水分を飛ばし、フォークでつぶす。オリーブオイルと塩を加えて混ぜる。
4 器に盛り、レモンを添える。

腸をいたわる食材③

野菜

私が開催している料理教室では、1年を通して主役はほとんどが野菜です。特にベジタリアンやビーガン向けではありません。通ってくださっているのは会社員の方や家庭の主婦。それに働き盛りの男性の方々もいます。主役の野菜たちは、冬は里芋、大根、人参、白菜、小松菜、ほうれん草、長ねぎ。春になるとアブラナ科の小松菜や白菜の菜の花、5月になるとえんどう豆、6月末くらいからやっと玉ねぎ、じゃがいもが出てきます。梅雨が明けると夏野菜のきゅうり、なすが収穫されはじめ、10月末まで続きます。11月に入るとまた冬野菜の時季になるといった感じです。自分の食卓でも教室でも野菜中心なのは、おいしいのはもちろん、からだにしっくりくるから。しかも消化の負担にならず、何より腸がよろこぶからです。

草食動物の象やキリン、馬、牛たちが、動物性のものを食べないにもかかわらず、大きなからだと美しい筋肉なのは、植物を効率よくエネルギーに変える腸内細菌や、そのほかの消化器系の菌を持っているため。私たち人間も、実は植物を食べてエネルギーに変えるシステムが主流です。からだでつくられる酵素の割合や歯の形状から、穀物、野菜が適応食と分かるようです。特に日本列島に長く暮らしてきた人々は四季があり、恵まれた自然環境のなかで穀物、野菜が豊富に穫れ、それを糧としてきた長い歴史があります。私たちの腸に住んでいる善玉菌たちにも菜食は適しているので、活発に働いてくれるのです。善玉菌がいきいきして腸内が整うと、免疫系と神経系、内分泌系の相互がスムーズに動き、全身の元気が増してきます。野菜を中心に食べると腸内が整い、元気になるというわけです。

一人暮らしの方や、家でたまにしか料理をしないので野菜を買ってもダメにしてしまうからと料理をしない方は、保存方法を変えてみてください。野菜は根を切られ、収穫されたあとも生きています。ですから、ラップに包んでおくと傷みが早くなります。ラップではなく、布で包んで冷蔵してみてください。適当に水分が取られ、でも乾燥しない、といういい塩梅で保存ができます。乾燥しやすい冷蔵庫の場合は布で包んでからポリ袋に入れ、口は開けておいてください。季節の野菜、旬のものを選ぶと長持ちします。その野菜が本来育つ時季にのびのび育ったことで、細胞レベルから元気だからです。キャベツなどは蒸し炒めにすると、ぐっとかさが減ります。一人暮らしでもキャベツの時季には丸ごと1個買い、いろいろ調理してみるのはどうでしょうか。

キャベツ炒め

材料（2〜3人分）
キャベツ…1/2個（約500g）
油揚げ…2枚
オリーブオイル…大さじ3
醤油…大さじ4

作り方

1 キャベツは大きめのざく切りにする。油揚げは8等分に切る。
2 鍋にオリーブオイルをひき、キャベツを加えてよくかき混ぜる。キャベツ全体に油がまわったらふたをして中火にかける。鍋が十分にあたたまったら弱火にし、ときどきかき混ぜながら蒸し炒めにする。
3 キャベツに8割ほど火が通ったら、油揚げを加えて混ぜ、再びふたをして蒸し炒めにする。キャベツがくったりするくらいまで火が通ったら醤油を加え、火をやや強くしてかき混ぜながら汁気をからませて仕上げる。
＊油揚げは冷凍保存しておき、凍ったまま袋ごと手で割ってもよいです。

キャベツのせん切りサラダ 醤油レモン

材料（2〜3人分）
キャベツ（大）…1/4個（約350g）
レモン…1/4個
ルッコラ…50g
玉ねぎ…1/3個
オリーブオイル…大さじ2
醤油…適量

作り方
1 キャベツはせん切りにする。レモンはくし形切りにしてから薄切りにする。ルッコラは茎を薄切り、葉は2cm長さに切る。玉ねぎは繊維に沿って薄切りにする。
2 ボウルにキャベツ、ルッコラ、玉ねぎを入れ、オリーブオイルを加えてよくかき混ぜる。
3 レモンを加え、さらに混ぜ合わせる。
4 器に盛り、各自で好みの量の醤油をかけながら食べる。

かぼちゃとりんごのサラダ

材料（2〜3人分）
かぼちゃ…1/4個（約350g）
りんご…1/2個
玉ねぎ…1/4個
イタリアンパセリ…少々
オリーブオイル…大さじ4強
アップルビネガー…大さじ1強
麻の実ナッツ…大さじ1
黒粒こしょう（刻んだもの）
…少々

作り方
1 かぼちゃは横3㎝幅に切ってから縦2㎝幅に切る。鍋に水を少々張り、かぼちゃをクッキングシートにのせて入れる。ふたをして火にかけ、やわらかくなるまで蒸す。
2 りんごは半分に切ってから4等分のくし形切りにし、さらに5㎜幅の薄切りにする。
3 玉ねぎは2㎜角に、イタリアンパセリは5㎜角大ほどに刻む。
4 ボウルに1と2を入れてオリーブオイル大さじ3を加え、かぼちゃをくずさないように優しく混ぜてなじませる。
5 中身を少し寄せ、空いたところに3を加え、残りのオリーブオイルをまわしかける。玉ねぎとイタリアンパセリになじませてから、かぼちゃとりんごを混ぜ合わせる。
6 アップルビネガー、麻の実ナッツを加えて和え、黒こしょうを散らす。

かぼちゃの煮物

材料（2〜4人分）
かぼちゃ（大）…1/4個（約400g）
昆布…4g
煮干し…20g
塩…少々
醤油…大さじ1〜2

作り方
1 かぼちゃは4×5cm大に切る。昆布は細切りに、煮干しはさらしの袋（P33）などに入れる。
2 鍋に1を入れ、具材がすっかりかぶるくらいの水を加えてふたをし、中火よりやや強めの火にかける。煮立ったら火を少し弱め、竹串がすっと通るくらいまで煮る。
3 煮干しを入れた袋をとり出し、塩と醤油を加えて2〜3分煮含める。
＊煮汁も一緒に召し上がってくださいね。

れんこんのはさみ揚げ

材料（4個分）
れんこん（大）…1節（約270g）
里芋…4個（約180g）
葛粉（粉状）…適量
菜種油…適量
練り辛子、醤油、塩
…各適量

a

b

作り方
1 れんこんは皮ごと1.2㎝厚さの輪切りにし、切った隣同士を2枚1組にしておく。
2 里芋は皮ごと、竹串がすっと通るくらいまで蒸し、皮をむいて漉し器で漉すか、すり鉢などでつぶす。
3 れんこんの片面に葛粉をまぶしつけ、2をのせる。真ん中が高くなるようにのせ、もう1枚でサンドする。ギュッと押しつけ、はみ出したものをれんこんの穴や合わせ目にしっかり詰める（写真a）。両面がしっかりくっついたら全面に葛粉をまぶしつける（写真b）。
4 170℃に熱した菜種油に3をそっと入れ、両面揚げる。れんこんのまわりの泡が小さくなり、菜箸でつかんでジリジリした振動を感じたら揚げ上がり。
5 辛子、醤油、塩などをつけて食べる。

おまけレシピ
れんこんのきんぴら

材料と作り方（作りやすい分量）
1 れんこん1/3節（約80g）はごく薄切りにする。
2 鍋を熱し、オリーブオイル大さじ1と1/2を入れる。白く湯気が出てきたられんこんを加えてざっと混ぜ、油がまわったところで細切り昆布（出汁を取った後の昆布）30gをれんこんの上にのせ、ふたをして弱火にする。
3 れんこんが透き通ってきたら昆布出汁20mlと醤油大さじ1を加え、汁気がなくなるまで炒りつける。

ごぼうとさつま芋のソテー 味噌風味

材料（3～4人分）

ごぼう（大）…1本（約200g）

さつま芋（小）…1本（約150g）

オリーブオイル…適量

A
- おろしにんにく…少々
- 醤油…大さじ1
- 米味噌…100g

作り方

1 ごぼうは4cm長さに切ってから、さらに縦4等分に切る。さつま芋も4cm長さに切ってから繊維に沿って5mm角のスティック状に切る。

2 鍋をあたため、うっすらたまるくらいにオリーブオイルを入れる。うっすら湯気が出てきたら1を入れて混ぜ合わせ、油がまわったらふたをしてソテーする。

3 ごぼうとさつま芋に火が通ったら、鍋の真ん中を空け、合わせたAを加えてふたをする。味噌がゆるんだら木べらで鍋底をこそげるようにして炒め、ごぼうとさつま芋にからめる。

ささがきごぼうとこんにゃくの炒め物

材料（2〜4人分）
ごぼう…1本（約150g）
こんにゃく…1/2個
しめじ…75g
昆布出汁…1/2カップ
醤油…大さじ2〜（好みで）
A　オリーブオイル…大さじ1
　　菜種油…大さじ2

作り方
1 ごぼうは大きめで厚めのささがきにする。こんにゃくは熱湯でさっとゆでてから、細切りにする。しめじは1本ずつ分ける。
2 鍋をあたため、Aを入れる。ごぼうとしめじを加えて混ぜ合わせ、油がまわったらふたをしてときどきかき混ぜながら蒸し炒めにする。
3 ごぼうに8割ほど火が通ったらこんにゃくを加えて弱火にし、じっくり5分以上炒める。
4 3に昆布出汁を加え、煮立ったら醤油を加える。やや火を強め、汁気がなくなるまでかき混ぜながら仕上げる。
＊汁気がなくなる最後の最後までしつこく素材に味をからませるのがおいしくなるコツ。

味噌と醤油の大切さ

味噌と醤油はどこの家にも当たり前にあり、私たちは知らず知らずのうちに恩恵を受けています。最近は味噌を手作りする方もいるようなので、つくり方は分かると思いますが、味噌は大豆と塩が原料で麹の働きによってできています。その他の材料は必要ありません。醤油の場合は麹が酵素を出し、材料から糖などをつくり出し酵母菌と乳酸菌がそれを餌にしてまた酵素を出すことで、旨味、甘味、コク、香り、色合いがつくり出されます。

こうした微生物の働きを醸造といいますが、これには2～3年の年月が必要です。味噌も醤油もそのままでは利用しにくい大豆の栄養を、おいしく効率的に私たちが吸収できるよう微生物の働きでつくり変えたもの。からだをあたため、老廃物を代謝し、解毒作用もあります。ここ最近では、味噌や醤油が持っているレシチンとビタミンB群が、脳にも働きかけることが分かっています。何より食べものをより味わい深くしてくれます。食材が持つ苦味や酸味を和らげたりも。料理をよりおいしくするのはもちろん、私たちの腸内にも働きかけ、善玉菌を増やしてくれます。

鉄火味噌

材料（作りやすい分量）

ごぼう…60g

れんこん…100g

菜種油…大さじ2

オリーブオイル…大さじ1

A　豆味噌…50g

　　玄米味噌…50g

作り方

1 ごぼうとれんこんは2㎜角大ほどのみじん切りにする。

2 鍋をあたため、菜種油を入れて1を加える。ざっと混ぜ合わせ、油がまわったらふたをして蒸し炒めにする。

3 具材が透き通ってきたら鍋のまわりに寄せ、空いたところにオリーブオイルとAを入れる。Aの味噌がゆるんできたら常に木べらで混ぜながらまわりに寄せたごぼうとれんこんをくずしつつ炒め合わせる（最初は弱火で。味噌がゆるんできたら中火で炒める）。

＊具材はごぼう、れんこんどちらか1種類でも。ごぼうが多いほうがよりあたたまり、おなかに良いです。れんこんが多いと少し甘めの仕上がりになります。

豆腐のっけ丼

材料（1人分）
豆腐…1/3丁
五分づきご飯…茶碗1杯分
かつお節パウダー（P18）…適量
醤油…適量

作り方
1 茶碗にご飯を盛り、豆腐をのせてスプーンで崩す。かつお節パウダーをたっぷりのせ、醤油を好みの量かけて食べる。

醤油あんかけ

材料（2人分）
葛粉…30g
かつお出汁…350ml
醤油…適量

作り方
1 葛粉は水100mlを加えてよくかき混ぜておく。
2 鍋にかつお出汁を入れ、火にかける。煮立ったら醤油を加えて味をととのえる。
3 2に1を加えて混ぜ、木べらで鍋底をこそげるようにかき混ぜながら2〜3分、火を通す。
＊醤油の量はからだの調子に合わせてお好みでどうぞ。

おいしくて、より簡単な豆の煮方

今の日本では小豆にしても、金時豆にしても甘くして食べることがほとんど。大豆の味付けも醤油に砂糖を加えるのが一般的のようです。これは豆好きとしてはとても残念。豆それぞれに深い味わいがあるのに、甘くすることでかき消されてしまうからです。それに豆類にはミネラル、特にカルシウムが豊富なのに、栄養価がほぼないと言われている砂糖を使うのはもったいなさすぎます。

お豆は小粒ななかに、なかなかの栄養素を持ち合わせています。たんぱく質はリジン、スレオニンなどの必須アミノ酸の形で、ビタミンではB群が豊富。炭水化物、脂質をエネルギーへ転換、たんぱく質の分解、合成の役割もしています。大切な食物繊維は芋や根菜類より多く、腸がとてもよろこびます。豆を煮るにはずっとついていないといけないイメージがありますが、実はそうでもありません。たとえば小豆。鍋に3倍ほどの水と塩少々を入れて中火にかけ、沸騰したら弱火で30分で火を止めます。あとはふたをしたまま3~5時間ほど置きます。豆の柔らかさを確認して、好みの柔らかさまで少し追い炊きすればOKです。

豆の煮方

土鍋（セラミック鍋で）

1 鍋に小豆などの豆と小豆の3倍ほどの水、塩少々を入れ、中火にかける。沸騰したら弱火で30分ほど煮、火を止める。ふたをしたまま3～5時間ほどおく。

2 豆のやわらかさを確認し、好みのやわらかさになるまで弱火で追い炊きをする。
＊新豆の小豆をセラミックの鍋で煮た場合は、追い炊きの必要はなしでした。

圧力鍋で

1 圧力鍋に水を水位1/3ほど張り、セラミックの専用内鍋に豆、水を3倍ほど、塩少々を入れ、それぞれのふたをして重りをのせて強火にかける。

2 小豆の場合、沸騰から5～6分で火を止め、1時間ほどそのまま蒸らす。

保存方法

煮汁と豆に分け、それぞれ密閉容器に入れて冷凍庫で2～3ヵ月間保存可。冷蔵の場合は煮汁ごと密閉容器に入れ、1週間くらいで使い切ってください。煮汁は味噌汁に。

花豆のマリネ

材料（4人分）
紫花豆を煮たもの（煮方P84）
…1カップ
オリーブオイル…大さじ1弱
塩…3つまみ
イタリアンパセリ、パセリ…各適量

作り方
1 豆は煮立てでなければ、蒸すなどしてあたためる。
2 イタリアンパセリとパセリはみじん切りにして合わせておく。
3 ボウルに1を入れ、オリーブオイルを加えてよく混ぜ合わせる。続いて塩を加えて混ぜ、2を加え、さらによくよく混ぜる。
＊イタリアンパセリとパセリは、どちらかだけでもおいしくできます。

白いんげん豆と大根のサラダ

材料（2～3人分）
白いんげん豆を煮たもの（煮方P84）
…1と1/4カップ
大根…100g
オリーブオイル…小さじ2
塩…大さじ1
白バルサミコ酢…大さじ1弱

作り方
1 大根は3cm厚さの輪切りにし、立てて薄切りにする。さらに5mm幅に切る。
2 鍋に水を水位1.5cmほど張り、1の大根をクッキングシートにのせて入れる。ふたをして大根が透き通るまで蒸す。
3 ボウルに室温の豆と2の大根を入れ、オリーブオイルを加えてよく混ぜる。塩を加えてさらに混ぜ合わせ、最後に白バルサミコ酢を加えてよくよく混ぜる。

海藻の効能と保存方法

人類はずっと暮らしている土地やまわりの環境から、手に入れられる食べものを食べて命をつないできました。日本列島は海に囲まれていますから海からの魚のほか、海藻を長い間食べてきました。おかげで私たち日本人の腸内には世界に類を見ない、海藻を消化する酵素をつくる細菌が住んでいます。祖先が生で海藻を食べてきたことで、その菌が代々受け継がれているようです。お隣の韓国も海藻を食べるのですが、生では食べないようです。ヨーロッパの一部でも海藻を食べますが、たまになので、やはり日本列島に住む私たちにだけ顕著に現れたようです。食べものを食べても消化する酵素がないと、その栄養を使うことができません。海藻は刺身のツマぐらいにしておくにはもったいないほど効率的に使える栄養素が豊富です。身近な海藻、わかめを見てみると、ミネラルが豊富で鉄、マンガン、亜鉛、カルシウム、カリウム、ヨウ素が。カルシウムも私たちのからだに有効に使える形で含まれています。ビタミンもA、B群、Cと含まれています。また食物繊維は不溶性と水溶性を合わせ持ち、不溶性のセルロースは便のかさを増し、ぜん動運動を促してくれます。そして水溶性のアルギン酸は血圧が上がるのを抑えコレステロールを減らし、放射性物質のストロンチウムや重金属など有害物質を体外に排泄してくれます。また昆布は水溶性のたんぱく質が重量の10%ほどで、私たちのからだにすぐ吸収されるアミノ酸の形で含まれています。まず、身近なわかめを常備してみませんか。塩を振り洗いして戻し、すじ側をたたむように重ね布で水分を取り、4cmほどに切って切り口を立てて容器に入れて冷蔵すると、1週間くらいは味噌汁に、サラダに、煮物に、と使えます。

ひじきと玉ねぎのサラダ

材料（2〜3人分）
長ひじき（乾）…60g
玉ねぎ…1/2個
レーズン（乾）…40g
オリーブオイル…大さじ4
塩…小さじ1
ゆず果汁…大さじ4

作り方
1 ひじきは20〜30分ほどたっぷりの水につけてもどす。玉ねぎはすりおろす。レーズンは熱湯でやわらかくなるまでもどし、水気を切ってから包丁でたたいてペースト状にする。
2 ボウルにひじきを入れ、オリーブオイルを加えてよく混ぜ合わせる。
3 ボウルの底を少し空け、1のレーズン、おろし玉ねぎ、塩を入れて混ぜる。
4 ゆず果汁を加え、全体にさっくりと混ぜ合わせる。

わかめときのこのサラダ

材料（2人分）
わかめ（塩蔵）…65g
しめじ…50g
長ねぎ…1/2本
ゆず果汁、醤油…各大さじ1

作り方
1 わかめはボウルに入れ、たっぷりの水に浸す。何度か水を替え、塩抜きしながらもどす。わかめを布にとり、水気をふきとって（P86）4cm長さに切る。しめじは大きいものは手でさく。長ねぎは4cm長さに切ってから芯をとり除き、白い部分をせん切りにする。
2 鍋を熱し、しめじを入れて油をひかずに軽く焼き目がつくまで焼く。
3 ボウルに2とわかめを入れてよく混ぜる。長ねぎも加えてざっと混ぜ、ゆず果汁と醤油を合わせ入れて軽く混ぜる。

火を使うのが大事

どんなに新鮮ですばらしい食材でも、どう加熱するかででき上がりはまったく違うものになります。あるとき撮影の仕事で、キッチンスタジオの電磁調理器＝ＩＨ調理器で料理をしたことがありました。食材、調味料などはすべて持っていったのですが、でき上がった料理の味がなんか変。おいしくないのです。カメラマンやその他のスタッフの方々はおいしいといって全部平らげてくださったのですが。同じくお湯を沸かし、いつものお茶を入れてもおいしくない。水もＩＨは苦手のようです。また電子レンジは加熱するのではなく、食べものの水分子を１秒間に24億５０００万回振動させて熱を発しているだけですから、火を使った調理とは根本が違うようです。東京ではガスの炎で、そして蓼科の畑や森では焚き火や炭火で調理をします。そうすると同じ食材でも段違いにおいしくなります。食べたあともおなかがほこほことあたたまっているのが分かります。おなかのなかが腸内善玉菌の好きな37℃台になっているんですね。火の様子を見ながらの調理は楽しいものです。お家がオール電化という方は卓上ガスコンロを使うと、料理の味わいも、健康も違ってきますよ。

玉ねぎひたすら炒め

材料（2〜4人分）
玉ねぎ…5個（約1kg）
オリーブオイル…大さじ4
醤油…大さじ6

作り方
1 玉ねぎは縦半分にしてから繊維に沿って1cm幅に切る。
2 鍋にオリーブオイルを入れ、玉ねぎを加えてよく混ぜ合わせる。油がまわったらふたをし、中火で蒸し炒めにする。鍋が十分に熱くなったら弱火にし、途中ときどきふたをとってかき混ぜ、玉ねぎの水分が出てくるように炒める。玉ねぎがクタクタになったら何回かに分けて醤油を加え、玉ねぎの中に醤油が入って茶色っぽくなるまで炒める。
＊ご飯にのっけて丼物にするとサイコー！

玉ねぎ厚切りソテー

材料（2〜3人分）
玉ねぎ（大）…2個
オリーブオイル…大さじ3
バルサミコ酢…大さじ3
醤油…大さじ2

作り方
1 玉ねぎは1.5㎝厚さの輪切りにする。
2 フライパンを熱し、オリーブオイルをひいて玉ねぎを並べ入れる。焼き目がついたら返し、少し焼いたところでバルサミコ酢と醤油を順に玉ねぎにかける。汁気が少しとろりとするまで煮詰めて仕上げる。
＊写真のようにしっかり焼き目をつけるのがおいしく仕上げるコツです。

人参のきんぴら
白バルサミコ仕上げ

材料（2〜3人分）
人参…1本
オリーブオイル…大さじ1と1/2
白バルサミコ酢…大さじ2〜
塩…小さじ1/4〜

作り方
1 人参は斜め薄切りにしてからせん切りにする。
2 鍋にオリーブオイルを入れ、人参を加えてよく混ぜ合わせる。ふたをしてはじめ中火、鍋があたたまってきたら弱火にし、焦がさないように蒸し炒めにする。
3 人参が透き通ったら白バルサミコ酢を加えてよく混ぜてから塩を加え、汁気をからませて仕上げる。
＊白バルサミコ酢と塩の量は、季節や体調（お好み）で加減してください。

たねがくっつかないよう、クッキングシートの上に並べておく。

人参パン

材料（直径7.5cmの楕円形5、6個分）
人参（中）…1と1/2本（約300g）
塩…少々
古代小麦粉*…250g
オリーブオイル…適量

作り方
1 人参はすりおろす。
2 ボウルに1と塩を入れ混ぜ合わせる。小麦粉を少しずつ加えて混ぜ合わせ、ひとまとめにする。水分が足りない場合は、水を足す。
3 手のひらにオリーブオイルを薄くつけ、2をコロッケくらいの大きさにまとめる（やや厚みがあるほうがおいしい）。
4 フライパンを熱し、油をひかずに3を並べ入れ、焼く。表面が乾いてきたら（最初に焼く面で9割方火を通すイメージで）返し、2〜3分して竹串をさし、何もついてこなければ焼き上がり。
＊古代小麦とは、品種改良されていない古代から受け継がれている小麦。グルテンによる小麦アレルギーなどの心配が少なく、腸に優しい小麦です。

梅のすすめ

万葉の時代から受け継がれてきた梅を健康に役立てる知恵が、いつの頃から軽いものになったのか考えてみると〝病気のときは病院に行く〟が普通になってからのことでしょうか。

中国から入ってきた梅が江戸時代、庶民に広まるまでは高貴な人々の万能薬でした。殺菌力が強く、たとえばコレラ菌なども退治します。抗生物質の場合、からだの有益な菌まで抑えますが、梅の場合は有害菌のみというのがすばらしいのです。その他、血液の浄化、ホルモンのバランスを整える、肝臓など内臓の強化、貧血や冷え性にも役立ちますし、たんぱく質、脂質、カルシウム、鉄、リンなども豊富に含まれています。私が最も注目しているのは、成分のカテキン酸が腸まで届き、一時的に腸内を酸性にして有害菌を抑えることです。

梅の効用を手軽にいただけるのが梅干し。最近は塩分控えめが多いようですが、18～20%のものがおいしく効きます。裏ごしをした練り梅タイプが便利なので常備するのも手。カップに練り梅と醤油、三年番茶を合わせたものは副作用なしの万能薬。三年番茶がないときは熱々のお湯でも代用可能です。

梅醤番茶《うめしょうばんちゃ》

材料（作りやすい分量）
練り梅…大さじ1
醤油…大さじ1と1/2
三年番茶…適量

作り方

1 カップに練り梅と醤油を入れ、スプーンでよく練り合わせる。
2 熱々の三年番茶を注ぎ入れ、混ぜながら飲む。
＊練り梅、醤油の量はお好みで。でき上がりはそばつゆのような味わいです。

梅おかかごはん

材料（2人分）
梅干し…3〜4個
かつお節パウダー…10g
醤油…大さじ1〜
ご飯（炊き立て）…茶碗2杯分
麻の実ナッツ…大さじ1
焼き海苔…2枚

作り方
1 梅干しは種から果肉をはずし、手でさく。
2 1にかつお節パウダーと醤油を加えてよく混ぜる。
3 炊き立てのご飯に2と麻の実ナッツを混ぜ、海苔で巻いて食べる。
*リーフレタスで巻いてもおいしいです。

梅おかかピーマン

材料（2〜3人分）
ピーマン…6個
かつお節パウダー（P18）…10g
A｜練り梅、梅酢…各大さじ1
　｜醤油…大さじ1
オリーブオイル…大さじ2

作り方
1 ピーマンはヘタの固い部分をキッチンばさみで切りとる。Aは合わせておく。
2 鍋にオリーブオイルを入れ、ピーマンを丸ごと加える。ふたをして中火よりやや強めの火で、蒸し炒めにする。焼き目がついたらひっくり返す。
3 ピーマンに火が通ったらかつお節パウダーを加え、ざっと合わせる。ピーマンを端に寄せ、鍋底の空いたところにAを加えて全体を混ぜ合わせる。

2章

腸を冷やさない夏野菜の食べ方

私たちのからだの免疫力は、腸のなかに住んでいる善玉菌と分類されている細菌がつくりだしています。この細菌たちが活発に活躍してくれる腸内の温度は、約37℃といわれています。季節を問わずこの温度を保つことができると、腸内の善玉菌の優勢を保つことができ、心が落ちつき、からだも軽く健康な状態でいられるのです。

食べものには私たちのからだを冷やす性質のものと、あたためる性質のものがあります。おおむね晩秋から冬にできる野菜はあたためる。夏にできる野菜は冷やす性質があります。本来なら暑い日本の夏に冷やす野菜を食べるのは理にかなっていたのですが、現代人は年中腸内が冷えていて35℃台の人も珍しくなくなりました。腸内温度が37℃のときは、おなかをさわるとほかほかしています。さわって冷たいときは、それは確実に腸が冷えていますので、夏でも冷えないような食べものを選ばなければいけません。夏に冬野菜はありませんから、夏野菜を冷やさない性質にして食べること。それはちょっとした工夫と料理法で可能です。たとえば、トマト。生で食べる場合、冷蔵庫から前もって出し、常温に戻してから塩気をきかせて食べます。塩のほか、味噌や醤油はからだをあたためる効果が高いうえ、腸内善玉菌を増やしてくれる効果もあります。また加熱調理をすることで、火のあたためエネルギーが加わることに。土鍋を使うと、さらに遠赤外線効果で芯からあたたかくなります。

加熱調理の際、にんにく、しょうがを併用するとあたためのの相乗効果があるだけではなく、おいしさもアップ。生のままではからだを冷やす作用があるしょうがの成分〝ジンゲロール〟は、乾燥や加熱調理をすると血行促進や免疫力を向上させる〝ショウガオール〟というあたため成分に変化し、からだのなかに熱をつくってくれます。しょうがは生のままでは保存性が良くないので薄切りにし、風通しのいいところで干して〝自家製干ししょうが〟にしておくと常備しやすいですよ。

夏に火を使った調理を暑いからと敬遠せずに122ページの夏鍋のような、具材を鍋に放り込むだけの手間いらずの料理をぜひつくってみてください。冷房で冷えたからだを芯のほうからあたためてくれます。気持ちの良い汗が出て自律神経が整い、外の暑さにも対応できるようになりますので、夏バテ知らずに。そのうえ腸の調子が良いと熟睡できるようにもなります。夏に冷やさないようにすることは、やがてくる冬にも風邪をひきにくくなるなど、体質改善にもつながります。暑い夏こそ、腸を冷やさない食べ方が現代の私たちには必要なのです。

この後のページをご参考に、夏野菜と①にんにく・しょうが②チアシード（57ページ参照）③オメガ3系オイル（118ページ参照）④オリーブオイルそれぞれを、おいしく組み合わせて料理をし、健やかな夏をお過ごしくださいね。

にんにく・しょうが①

トマト煮ピュレ

材料（作りやすい分量）
ミニトマト…1kg
にんにく（丸ごと）…2〜3個

作り方
1 にんにくは皮をむく。
2 厚手の鍋にすべての材料を入れ、ふたをする。1時間半ほど弱火で焦がさないように煮る（写真a）。
3 にんにくをとり除き、フードプロセッサーなどで撹拌し、ピュレ状にする。
＊冷ましてから密閉容器に入れ、冷蔵庫で1週間保存可。冷凍庫なら3ヵ月。

a

にんにく・しょうが①
──トマト煮ピュレを使って１

春雨ピリ辛トマトソース

材料（2人分）
トマト煮ピュレ（P106）…150ml
春雨…100g
きゅうり…1/4本
ピーマン…2個
玉ねぎ…1/4個
A｜白味噌…小さじ1
　｜玄米味噌、醤油…各大さじ1
　｜コチュジャン、オリーブオイル…各小さじ1
おろしにんにく、しょうが汁…各少々
麻の実ナッツ…大さじ1

作り方
1 春雨は熱湯で4～5分ゆで、ざるに上げる。水気を切ってボウルに入れ、熱いうちにオリーブオイルを適量（分量外）まわしかけておく。
2 きゅうりは縦薄切りにしてからせん切り、ピーマンもせん切りにする。玉ねぎは繊維に沿って薄切りにする。
3 1のボウルに2の野菜を加え、手でよく和えて器に盛る。
4 トマト煮ピュレにAとおろしにんにく、しょうが汁を加えてよく混ぜ合わせる。器に盛り、麻の実ナッツを散らす。
5 3を4につけて食べる。

にんにく・しょうが①　——トマト煮ピュレを使って2

トマトスープ

材料（1人分）
トマト煮ピュレ（P106）
…2/3カップ
イタリアンパセリ…適量
黒粒こしょう、
オリーブオイル、
塩または醤油…各適量

作り方
1 イタリアンパセリと黒粒こしょうはみじん切りにする。
2 鍋にトマト煮ピュレを入れ、あたためる。
3 器に盛り、オリーブオイルをたらして1を散らす。塩か醤油を好みの量加える。

にんにく・しょうが① ──トマト煮ピュレを使って3

骨付き地鶏のトマト煮込み

材料（2人分）
トマト煮ピュレ（P106）…1カップ
鶏もも肉（骨つき）…1本（約250g）
ピーマン…2個
A
豆味噌…大さじ1
玄米味噌…小さじ1/2
塩…少々

作り方
1 鶏肉はぶつ切りにする。ピーマンは1.5㎝角に切る。
2 鍋に1の鶏肉とトマト煮ピュレを入れ、ふたをして弱火にかける。鶏肉の骨が見えて肉に火が通ってきたらAを加える。味噌がゆるんでやわらかくなったら全体を混ぜ合わせる。
3 1のピーマンを加え、ひと呼吸おいてから火を止める。
＊おろしにんにくを加えてもおいしいです。加えるときは作り方2の段階で加えます。

にんにく・しょうが②

なすと玉ねぎ、いんげんの炒め物、味噌仕上げ

材料（2〜3人分）

長なす…2本
（なすの場合は3本）

玉ねぎ…1/2個

モロッコいんげん…150g

A
- おろしにんにく（大）…1片分
- おろししょうが…大さじ1
- 豆味噌…大さじ2
- 玄米味噌…大さじ3

オリーブオイル
…大さじ3+小さじ1

作り方

1 なすは斜め5㎜厚さに切ってから縦4等分にする。玉ねぎは5㎜幅の細切り、モロッコいんげんは5㎝長さの斜め細切りにする。

2 鍋を熱し、オリーブオイルと玉ねぎを入れ、ふたをして蒸し炒めにする。玉ねぎがしんなりしてきたらなすを加え混ぜ、ややおいてからモロッコいんげんも加えて混ぜ合わせる。ふたをして火を少し弱め、蒸し炒めにする。ときどきふたをあけてざっとかき混ぜ、またふたをする。

3 2にオリーブオイルを小さじ1足し、Aを加えてふたをする。にんにくのいい香りがしてきたら、よく混ぜ合わせる。火を少し強め、味噌のいい香りがしてきたら火を止める。

にんにく・しょうが③

きゅうりの炒め物、豆豉仕上げ

材料（2〜3人分）
きゅうり（大）…2本
にんにく（大）…2片
オリーブオイル…大さじ2と1/2
豆豉（みじん切り）…大さじ2

作り方

1 きゅうりは乱切り、にんにくは縦半分に切って繊維に沿って薄切りにする。

2 鍋を熱しオリーブオイルをひいて、にんにくをきつね色のカリカリになるまで炒めとり出す。

3 2の鍋にきゅうりを加え、中火よりやや強めの火加減にしてふたをする。ときどきふたをあけてざっと混ぜる。

4 きゅうりに火が通ったら豆豉と2のにんにくを加えて、炒め合わせる（まず、鍋中のきゅうりを寄せて空いたところに豆豉を加え、オリーブオイルになじませてからきゅうりにからめるとよりおいしい）。

にんにく・しょうが④

和風ポトフ

材料（2人分）
玉ねぎ…1と1/2個
じゃがいも…2個
ズッキーニ…2本
A
にんにく…1片
干ししょうが（P115）…少々
昆布…5g
煮干し…20g
味噌…適量

作り方
1 玉ねぎは半分に切ってからさらに横半分に切り、1.5cm幅に切る。じゃがいもは皮ごと2.5cm角大に切り、ズッキーニは2cm幅の輪切りにする。にんにくは丸ごと、昆布は細切り、煮干しはさらしの袋（P33）に入れる。
2 厚手の鍋に玉ねぎ、じゃがいも、ズッキーニ、Aを入れる。かぶるくらいの水を注いでふたをし、中強火にかける。煮立ったら弱火にし、じゃがいもが煮くずれるくらいまで30～40分煮る。
3 野菜がやわらかくなったら器に盛り、味噌を少しずつ加えながら食べる。

にんにく・しょうが⑤

なすの煮物

材料（2〜3人分）

長なす…2本（なすの場合は3本）

厚揚げ…1枚（約170g）

A
- 昆布…5g
- にんにく…1片
- 干ししょうが*…少々
- 水…750ml

かつお節パウダー（P18）…7g

醤油…大さじ2弱

作り方

1 なすはヘタを落とし、縦半分に切ってから皮目に飾り包丁を入れる。厚揚げは食べやすい大きさに切る。

2 鍋にAを入れ、ふたをして火にかける。煮立ったらなすとかつお節パウダーをさらしの袋（P33）に入れたものを加え、2〜3分煮る。

3 2に醤油と厚揚げを加え、弱火で5〜10分煮含める。

＊干ししょうが＝残ったしょうがを薄切りにし、クッキングシートやざるにのせ、風通しのいいところで干したもの。クッキングシートに包み、常温で保存。煮物に入れるとしょうがの風味がきいたいい味わいになると同時に、からだをあたためる効果も。

チアシード①

蒸しなすと、もどしたチアシード

材料（2人分）
青なす、またはなす…2本
オリーブオイル…大さじ1弱
アップルビネガー…大さじ1
醤油…大さじ1弱
チアシード
（水でもどしたもの P57）…大さじ4

作り方
1 鍋に水を水位2〜3cmほど張り、なすを丸ごとクッキングシートにのせて入れる。ふたをして火にかけ、蒸す（なすの一番太いところを押し、戻らなくなったら火が入った印）。粗熱がとれたらヘタを切りとり、縦半分にする。切り口を下にして縦4等分にし、さらに横にして3cmほどの長さに切る。
2 ボウルに1を入れ、オリーブオイルとアップルビネガーを順に加え、そのつど和える。ボウルを傾け、汁気を寄せて醤油をたらし、混ぜる。
3 2にチアシードを加え、和える。

チアシード②

モロヘイヤとわかめ、チアシードごま和え

材料（2〜3人分）
モロヘイヤ…100g
わかめ（もどしたもの）…100g
かつお出汁…大さじ4
醤油…少々
チアシード（乾）…小さじ1強
黒すりごま…20g
塩…少々

作り方

1 鍋にたっぷりの湯を沸かし、塩を加えてモロヘイヤを入れる。しゃぶしゃぶの要領でさっとゆで、すぐにざるに上げ、そのまま粗熱をとる。水気をしぼって3cm長さに切る。わかめも同じくらいの長さに切る。わかめの上の腰みののような部分は縦に切る。

2 ボウルにモロヘイヤとわかめを入れ、かつお出汁、醤油、チアシードを加えて和える。全体がよく合わさったらすりごまを加え、ざっと和える。
＊わかめはもどしてから広げてキッチンクロスに巻いて（P86）、冷蔵庫で1週間ほど保存可。

オメガ3系オイル①

蒸しピーマンのフラックスシードオイル和え

材料（2〜3人分）
ピーマン…5個
フラックスシードオイル…大さじ1
A｜昆布出汁または水…小さじ2
　｜醤油…小さじ1
金ごま…5g

＊オメガ3は抗炎症作用や細胞の修復作用があり、私たちの体内ではつくり出せない「必須脂肪酸」。美容効果でも注目されている。日本人はオメガ6系オイルを摂りすぎており、バランスに気をつけて摂りたいオイルです。

作り方
1 ピーマンはヘタの尖った部分をキッチンばさみで切り落とし、丸ごとクッキングシートで軽く包み、鍋に入れる。少量の湯を加え、ふたをして3分ほど蒸し、縦6等分にする。
2 ごまは炒ってすり鉢であたっておく。
3 1が完全に冷めたらボウルに入れ、フラックスシードオイルを入れ、よく和える。
4 3に合わせたAを加えて混ぜ合わせ、器に盛り、2を添える。

オメガ3系オイル②

きゅうりのせん切り黒ごまペースト

材料（2人分）
きゅうり（大）…1本
練り黒ごま…大さじ1
醤油…大さじ1
昆布出汁または水…大さじ1と1/2
フラックスシードオイル…大さじ1

作り方
1 きゅうりは斜め薄切りにしてからせん切りにし、フラックスシードオイルを加えて混ぜ合わせる。
2 ボウルに練りごまを入れ、醤油を少しずつ加えてスプーンの背で練りごまにすり込むようにしてよく混ぜる。
3 2 に昆布出汁または水を少しずつ加え、とろっとするまでよく混ぜる。
4 3に1を加え、まんべんなく和える。
＊油はオメガ3を含むえごま油を使っても合います。

オリーブオイル①

トマト厚切りトースト

材料（1人分）
発芽玄米パンまたは天然酵母のパン…1枚
ブラックトマトまたはトマト
…1.5㎝厚さの輪切り1枚
きゅうり（みじん切り）、
玉ねぎ（みじん切り）…各適量
オリーブオイル、味噌、塩…各適量

作り方
1 パンはトースターや網で軽く焼き目がつくまで焼き、表面にオリーブオイルをたっぷりかける。
2 1の上に味噌をぬり、トマト、きゅうり、玉ねぎをのせる。さらにオリーブオイルをたらし、塩をふる。
＊きゅうりと玉ねぎは細切りや薄切りでも。
＊オリーブオイル、味噌、塩はお好みの加減でどうぞ。

オリーブオイル②

夏鍋

材料（2〜3人分）
なす…3本
かぼちゃ…1/4個（約350g）
ピーマン…4個
ミニトマト…100g
モロヘイヤ…30g
昆布…5g
煮干し…20g
醤油、オリーブオイル…各適量
アップルビネガー、青みかん…各適宜

［薬味］
　青じそ…10枚
　おろししょうが…適量

作り方

1 なすは横4等分、かぼちゃは1.5cm幅に切る。ピーマンとトマトはヘタをとる。モロヘイヤは短ければそのまま、長ければ切る。青じそはみじん切りにする。
2 厚手の鍋に細切りにした昆布と、さらしの袋（P33）に入れた煮干しを入れ、鍋の8分目くらいまで水を注いで火にかける。沸いたらなすとかぼちゃを加え、なすがプクプクしてやわらかくなったらピーマンとトマトを丸ごと加え、煮る。ピーマンとトマトが煮えたらモロヘイヤも加えてさっと煮る。
3 器に醤油とオリーブオイルを各適量入れ、それぞれ煮えばなをとって薬味を加えて食べる。柑橘をしぼったり、アップルビネガーを加えたりしてもおいしい。

サラダとカレー

私の一日のはじめの食事はほとんどがサラダ。冬はヤーコン、人参、大根、赤ビートをせん切り、あればルッコラも加え、オリーブオイルで和えて醤油をかけながらいただきます。連れ合いは酸味としてレモンの薄切りやアップルビネガーをさらに加えています。夕ごはんのサラダは生野菜のほかに蒸した野菜を加えたり、カリッと焼いてザクザク切った揚げを加えてボリュウムを出します。夏になると蓼科のファームのトマトが実をつけだすので、うれしくて毎日トマトのサラダを食べています。6月末に収穫がはじまる関東の甘い玉ねぎも合わせ、基本のオリーブオイルは変わらず、塩を結構たっぷりきかせて、からだを冷やしにくいアップルビネガーを合わせます。みんなが集まってのごはんのときは、夏野菜をグリルに。そうすると旨味が凝縮し、冷房で弱ったみんなの胃袋もよろこぶというものです。アボカドや玉ねぎを生のまま合わせるとフレッシュなサラダのでき上がりです。

夏にはカレーも食卓に登場します。夏といっても気候にもよりますが、8月に入ってから。ある年のこと、友人がお正月を南インドで過ごし、おいしいカレーのレシピを覚えたからぜひ食べて欲しいというのです。私の食欲はカレーには向かっていなかったのですが、2月の節分頃食べることに。友人がつくる本格的なカレーは、それはそれはおいしいものでした。一同笑顔で大満足。ところがその後、からだのなかも骨までもキンキンに冷え、回復するまでなんと秋までかかりました。からだのなかから常に冷えている状態というのは気持ちが落ちつかず、疲れも取れず厄介なものでした。それからは汗をタラタラかくくらい暑くなり、心からカレーが食べたい！と思うまでは食べません。カレーを食べると汗が出るのでカレーはあたたまる、と勘違いするのですが、汗というのはからだの熱を冷ます作用のため、かくものです。カレーのスパイスの基本はターメリック、チリ、コリアンダー、クミン。ガラムマサラはシナモン、クローブ、ナツメグを基本にその他のスパイスを加えたもの。いずれも鎮痛、抗酸化、殺菌、健胃、整腸などの薬効が高く、暑い地域では必要な食べものです。カレーと合わせるのは小麦でつくるナンよりも、からだをあたためるご飯と食べるほうが、腸が落ちつきます。醤油やかつお節もスパイスと好相性。深みのある、しかもからだが冷えすぎないカレーになります。ルウがなくてもスパイスを常備しておくと短時間で本格的なカレーがつくれます。具材が煮えたら塩や醤油で味付けし、最後にスパイスを加えてなじませるだけ。スパイスは湿度と光を避けて保存すると結構長持ちします。

あたためカレー

材料（3〜4人分）
空芯菜…300g
玉ねぎ…3個（約700g）
じゃがいも…3個（約500g）
いんげん…150g
干ししょうが（P115）…適量
クローブ（ホール）…3本
おろしにんにく…1片分
かつお節パウダー（P18）…30g
オリーブオイル…大さじ5強
醤油…100ml
A ターメリック…大さじ4
クミンパウダー、コリアンダーパウダー、シナモンパウダー…各大さじ2
ご飯…適量

作り方
1 空芯菜は2cm長さに切る。玉ねぎは1cm角大に切る。じゃがいもは大きめのひと口大の乱切りにする。いんげんは2cmの長さに切る。
2 鍋にオリーブオイルをひき、1と干ししょうがを入れ、よくかき混ぜる。油がまわったら火にかけ、ふたをして蒸し炒めにする（はじめは中火で、具材に熱がまわったら弱火にし、しんなりするまでじっくり火を通す）。
3 2に具材がすっかり隠れるくらいたっぷりの水とクローブを加える。煮立ったら中火にし、おろしにんにくを加える。再び煮立ったら、かつお節パウダーを加え、かき混ぜる。
4 3に醤油を加え、味をみてよければ、Aを加えてかき混ぜ、2〜3分煮てなじませる。
5 器に4とご飯を盛る。

ミニトマトのサラダ

材料（4〜6人分）
ミニトマト…40個（約800g）
玉ねぎ…1と1/2個
オリーブオイル…大さじ3強
A 塩…小さじ1/2
アップルビネガー…大さじ4

作り方
1 ミニトマトは縦半分に切る。玉ねぎはごく薄切りにする。
2 ボウルに1を入れ、オリーブオイルを加えてよく混ぜる。
3 Aを順に加え、そのつどよく混ぜ合わせる。

トマトとチキンのカレー

材料（3〜4人分）
鶏もも肉（大）…1枚（約300g）
ミニトマト…40個（約800g）
玉ねぎ…1個
にんにく…1片
オリーブオイル…大さじ3強
干ししょうが（P115）…少々
A ｜塩、ターメリック…各大さじ1
　｜ガラムマサラ…大さじ3
ご飯…適量

作り方
1 鶏肉は横半分に切ってから繊維に沿って1.5cm幅に切る。ミニトマトは縦半分に切る。玉ねぎは縦半分にしてから繊維に沿って薄切りにする。にんにくは薄切りにする。
2 鍋にオリーブオイルを入れ、玉ねぎとにんにくを加えて混ぜ、油がまわったらふたをして蒸し炒めにし、玉ねぎがしんなりしたら干ししょうがと鶏肉を加えてざっと混ぜ合わせる。
3 鶏肉の表面が白っぽくなったらミニトマトを加え、再びふたをして蒸し煮にする。トマトが煮くずれたらAを加えて混ぜ合わせる。
4 器にご飯を盛り、3をかける。
＊もちきびなどの雑穀を入れたご飯との相性もいいです。

ズッキーニとピーマンのグリルサラダ

材料（3〜4人分）
ズッキーニ（黄）…1本
ズッキーニ（緑）…2本
ピーマン（緑、紫）…各4個
アボカド…1と1/2個
紫玉ねぎ…1個
オリーブオイル…大さじ3
アップルビネガー…大さじ1強
白バルサミコ酢…大さじ2弱
塩…適量

作り方
1 ズッキーニはそれぞれ2cm幅の輪切りに、ピーマンは縦半分に切って種とワタをとる。アボカドと紫玉ねぎは2cm角大ほどに切る。
2 鍋を熱し、油をひかずに1のズッキーニとピーマンを焼き目がつくように焼く。
3 ボウルに2、1のアボカドと紫玉ねぎを入れ、オリーブオイルを加えて、よく混ぜ合わせる。全体に油がまわったらアップルビネガーと白バルサミコ酢を加えて混ぜ合わせ、最後に塩を加えてよく混ぜ合わせる。

ピーマンのココナッツカレー

材料（2人分）
ピーマン…4個
玉ねぎ（中）…1個
煮干し出汁…2カップ
オリーブオイル …大さじ1
A
　おろしにんにく…小さじ1/4
　しょうがパウダー*…ひとつまみ
　ココナッツミルク…50ml
塩…小さじ1/4
ガラムマサラ…大さじ3

*しょうがパウダーとは、乾燥させたしょうがをパウダー状にしたもの。市販もされています。おなかからからだをあたためてくれます。

作り方
1 ピーマンはヘタをとり、種ごと縦半分に切る。玉ねぎは縦半分に切り、繊維に沿って5㎜幅に切る。
2 鍋を熱し、オリーブオイルをひいて1の玉ねぎを加えてよくかき混ぜる。油がまわったらふたをし、蒸し炒めにする。1～2分して弱火にし、玉ねぎがクタクタになるまでじっくり蒸し炒めにする。
3 2に煮干し出汁を加え、煮立ったらAを加える。再び煮立ったら、1のピーマン、塩、ガラムマサラを加えて3分ほど煮て仕上げる。

じゃがいものカレーポタージュ風

材料（2〜3人分）
じゃがいも（大）…2個
にんにく…1片
しょうが汁…小さじ1/2

A	塩…ほんの少し
	ガラムマサラ…小さじ2

オリーブオイル…適量
塩…適宜

作り方

1 じゃがいもは乱切りにする（皮はむいてもそのままでもお好みで）。
2 鍋に1とにんにく、かぶるくらいの水を入れ、ふたをして中火にかける。煮立ったら弱火にし、じゃがいもがすっかりやわらかくなるまでコトコト煮る。
3 じゃがいもが少し煮くずれてきたら火を止め、にんにくをとり出してしょうが汁を加える。
4 3をフードプロセッサーやミキサーなどを使い、ポタージュ状にする。Aを加えてよく混ぜ合わせ、ごく弱火でひと煮する。
5 器に盛り、オリーブオイルをまわしかける。
＊少しずつ塩を加え、かき混ぜながら食べてください。

おわりに

お肌に常在菌、口の中にも、胃にも腸にも、菌がからだの外になかに共生することで、健やかに生きていけるということは、なんだか不思議ですごいことですね。なかでも腸内の細菌たちのバランスが私たち人間の心とからだの健康をつくってくれていることはミラクル。

祖先から連綿と引き継いできた菌たちにとって、現代の環境や食べもの事情は過酷なものになっており、うっかりしていると腸内細菌のバランスが崩れてしまいます。けれども、少しでも気をつけて腸内細菌がよろこぶ食べものを選び、おいしく食べて快適な腸内温度37℃ほどを維持するように心がけると、菌たちはよろこんで私たちのために働いてくれます。私は若い頃、とっても冷え性でした。それが30代から季節に沿った食べものをおいしく食べていくうちに冷えがなくなり、おなかをさわるといつもホコホコあたたかくなるように。気がつけば健康になっていったのです。私の教室の生徒さんたちはできることから少しずつ、コンビニのお弁当ではなく、まず、ご飯を炊いて食べたりしていくうちに、元気になっていきます。ただ社会生活をしていくうえではお付き合いもあり、完全にはできませんから「3歩進んで2歩下がっても1歩は進む。というくらいの気持ちでね」とお伝えしています。それでも1年、2年と重ねていくうちに以前とは違いが出て、みなさんいきいきと、美しくなっていきます。実は飽きっぽい私が30年以上食べものの仕事を続けてきているのは、季節に合った食べもの、伝統的な製法でつくられた調味料や上質なオイルを使い、調理することで、おいしく深い満足感がある料理が仕上がり、みんなを笑顔で元気にしてくれたから。そして、私自身食べもので健康になったからこそ、こんなに長く続けてこられたのです。読んでくださった、あなたもどうぞおいしくて腸内細菌がよろこぶ料理を、本書を参考に少しずつ実践なさってみてください。きっとシーズンが変わる頃、何か違うなと気がつくはず。

本書は前著『生きるための料理』と同じく、ディレクションは有山達也さん、カメラ長野陽一さん、デザイン岩渕恵子さん。そして編集の赤澤かおりさんの企画力といった、精鋭プロフェッショナルの方々のお力添えがあってでき上がりました。制作中、私が温泉で転倒打撲をしてしまい、それを自然治癒力だけで治すのに3カ月も要し、その後も遅筆のためずいぶんと皆さまにはご迷惑をおかけしたのですが、じっと待っていただいたおかげでからだも良くなり、原稿も仕上げることができ、深謝の念にたえません。そしてリトルモアの編集熊谷新子さん、予定外に時間を要し大変ななか調整やお世話をしてくださり、どんなに助かったことでしょう。そして凸版印刷の千布宗治さん、長野さんがカメラでとらえてくださった食べものの力を印刷に落としていただいてこその料理本です。その技術に敬服。最後に我がスタッフみきちゃんに感謝。

たなかれいこ

食のギャラリー612代表。
1952年6月12日、神戸生まれ、札幌育ち。
CMスタイリストを経てNYに遊学。滞在中に「自然食」に興味をもつ。現在「612食べ物教室」主宰。食を通じた、健やかな生活のありようを提案している。2000年より東京と行き来しながら、長野県蓼科の612ファームにて無農薬・無肥料・不耕起のファーミングで野菜を育てている。612ファームでは、「畑と森のたべもの教室」も開催される。
著書に『自然の元気をいただきます。』『本気でおやつ』(ともに文化出版局)、『穀物ごはん』『スープがごはん』(青春文庫)、『たべるクリニック』『食べると暮らしの健康の基本』(ともにmille books)、『生きるための料理』(小社刊)。
www.612co.net

腸がよろこぶ料理

2016年7月15日　初版第1刷発行
2016年8月25日　第2刷発行

著　者…たなかれいこ

撮　影…長野陽一
ディレクション《アート》…有山達也
デザイン…岩渕恵子(アリヤマデザインストア)
著者補助…小森美貴(食のギャラリー612)
編　集…赤澤かおり、熊谷新子(リトルモア)

発行者…孫　家邦
発行所…株式会社リトルモア
〒151-0051
東京都渋谷区千駄ヶ谷3-56-6
電　話　03-3401-1042
ファックス　03-3401-1052
info@littlemore.co.jp
http://www.littlemore.co.jp

印刷・製本…凸版株式会社

© Reiko Tanaka / Little More 2016　Printed in Japan

ISBN 978-4-89815-443-4　C 0077